Ganz kurz ein paar Hinweise:

Bitte lesen Sie primär nur den englischen Text
auf der Hauptzeile.
Bei Unklarheiten springen Sie runter
zur Übersetzungszeile.
Nicht die Übersetzungszeile im Fluss lesen!

Punktiert unterstrichene Wörter gehören zusammen.

Eine Zahl 1... zeigt an, dass zu dem Wort noch
ein zweites Wort ...1 dazugehört.

Text in eckigen Klammern [ ] = Anmerkung des Übersetzers

Da ein Wort mehrere Bedeutungen haben kann ...
Es ist diejenige Bedeutung angegeben, die das Wort
im vorliegenden Zusammenhang hat (mit Tendenz
zur Hauptbedeutung).

In Grenzfällen wurde die Praxisnähe bevorzugt gegenüber
wissenschaftlicher Genauigkeit.

Bibliografische Information der Deutschen Nationalbibliothek:

Die Deutsche Nationalbibliothek verzeichnet diese Publikation
in der Deutschen Nationalbibliografie.

Detaillierte bibliografische Daten sind im Internet abrufbar
über http://dnb.d-nb.de

Edgar Allan Poe/Elke Kublank:
The Murders/Der Doppelmord
Lektüre zweisprachig, Englisch/Deutsch
wörtlich übersetzt – jedes Wort einzeln –
auf eingefügter Zwischenzeile

Lesespaß ohne lästiges Nachschlagen!

Übersetzerin: Elke Kublank
Herausgeber: Harald Holder
Die Texte wurden an einigen Stellen behutsam dem Zweck angepasst.

ISBN: 978 – 3 – 94 33 94 – 09 – 2

Druck und Bindung: Books on Demand GmbH, Norderstedt
Printed in Germany

www.holder-augsburg-zweisprachig.de

Residing in Paris during the spring and part of the summer of 18—, I
Wohnend in Paris während dem Frühjahr und Teil von dem Sommer von 18-- ich

there became acquainted with a Monsieur C. Auguste Dupin. This
dort wurde bekannt mit einem Herrn C. Auguste Dupin Dieser

young gentleman was of an excellent—indeed of an illustrious
junge Gentleman war aus einer vortrefflichen ja tatsächlich aus einer berühmten

family, but, by a variety of untoward events, had been reduced to
Familie aber durch eine Vielzahl von unglücklichen Begebenheiten hatte gewesen gezwungen zu

such poverty that the energy of his character succumbed beneath it,
derartiger Armut dass die Kraft von seinem Charakter erlag darunter [---]

and he ceased to bestir himself in the world, or to care for the
und er aufhörte zu rühren sich in der Welt oder zu kümmern um die

retrieval of his fortunes. By courtesy of his creditors, there still
Wiedergewinnung von seinem Vermögen Durch Gefälligkeit von seinen Gläubigern da noch

remained in his possession a small remnant of his patrimony; and,
verblieb in seinem Besitz ein kleines Überbleibsel von seinem väterlichen Erbe und

upon the income arising from this, he managed, by means of a
aus dem Einkommen entstehend von diesem er schaffte [es] mittels einer

rigorous economy, to procure the necessaries of life, without troubling
strengen Sparsamkeit zu beschaffen die Notwendigkeiten von Leben ohne bemühend

himself about its superfluities. Books, indeed, were his sole luxuries,
sich um [---[Luxus Bücher tatsächlich waren sein einziger Luxus

without troubling oneself about superfluities = ohne sich den kleinsten Luxus zu gestatten

and in Paris these are easily obtained.
und in Paris diese sind einfach erlangt

Our first meeting was at an obscure library in the Rue Montmartre,
Unsere erste Begegnung war in einem dunklen Buchladen in der Rue Montmartre

where the accident of our both being in search of the same
wo der Zufall von uns beiden seiend auf der Suche nach dem gleichen

very rare and very remarkable volume, brought us into closer
sehr seltenen und sehr ungewöhnlichen Buch brachte uns in nähere

communion. We saw each other again and again. I was deeply
Bekanntschaft Wir sahen einander immer wieder Ich war tief

interested in the little family history which he detailed to me with all
interessiert an der kleinen Familien-Geschichte die er erzählte mir mit all

that candor which a Frenchman indulges whenever mere self is
dieser Aufrichtigkeit der ein Franzose sich hingibt wann immer bloß [er] selbst ist

his theme. I was astonished, too, at the vast extent of his reading;
sein [das] Thema Ich war erstaunt auch über den riesigen Umfang von seinem Lesen

and, above all, I felt my soul enkindled within me by the wild fervor,
und vor allem ich fühlte meine Seele angeregt in mir durch die wilde Heftigkeit

and the vivid freshness of his imagination. Seeking in Paris the
und die lebendige Frische von seiner Fantasie Trachtend nach in Paris den

3

objects   I then sought, I felt that the society of such a man would
Zielen [die] ich auch verfolgte ich fühlte dass die Gesellschaft von solch einem Mann würde

be to me a treasure beyond   price; and this feeling I frankly
sein für mich ein Wert jenseits [jeden] Preises und diese Einstellung ich offen

confided to him. It was at length arranged that we should live together
anvertraute ihm Es war zuletzt ausgemacht dass wir sollten wohnen zusammen

during my stay in the city; and as my worldly circumstances were
während meines Aufenthaltes in der Stadt und da meine Vermögens-Verhältnisse waren

somewhat less embarrassed   than his own, I was   permitted
ein bischen weniger peinlich [knapp bemessen] als seine eigenen ich konnte [mir] erlauben

to be at   the expense of renting, and furnishing in a   style
zu übernehmen die Kosten von Mieten und Einrichten in einem Stil

which suited   the rather fantastic gloom of our common temper,
der passte [zu] der recht fantastischen Düsterkeit von unserer gewöhnlichen Stimmung

a time-eaten   and grotesque mansion, long deserted
ein Zeit-gegessenes [vernachlässigtes] und wunderliches Wohnhaus lange schon verlassen

through superstitions into which we did not inquire, and tottering
wegen Aberglaubens in den wir taten nicht nachforschen und neigend

to its fall in a retired and desolate portion of the
entgegen seinem Verfall in einem entlegenen und trostlosen Teil von [---]

Faubourg St. Germain.
Faubourg St. Germain

Had the routine of our life at this place been known to the world,
Hätte der Alltag von unserem Leben an diesem Ort gewesen bekannt an die Welt

we should have been regarded as madmen—although, perhaps, as
wir sollten haben gewesen betrachtet als Wahnsinnige obwohl vielleicht als

madmen of a harmless nature. Our seclusion was perfect. We
Wahnsinnige von der harmlosen Natur Unsere Abgeschiedenheit war perfekt Wir

admitted no visitors. Indeed the locality of our retirement had
erlaubten keine Besucher Tatsächlich die Lage von unserer Zurückgezogenheit hatte

been carefully kept a secret from my own former associates; and
gewesen sorgsam gehalten ein Geheimnis vor meinen eigenen alten Bekannten und

it had been many years since Dupin had ceased to know or be
es hatte gewesen viele Jahre seit Dupin hatte aufgehört zu kennen oder sein

known in Paris. We existed within ourselves alone.
bekannt in Paris Wir lebten in uns [ganz] allein

It was a freak of fancy in my friend (for what else shall I call it?)
Es war eine Marotte von meinem Freund wie sonst soll ich nennen es

to be enamored of the Night for her own sake; and into this bizarrerie,
zu sein verliebt in die Nacht um ihrer selbst Willen und in diese bizarre Laune

4

as into all his others, I quietly fell; giving myself up to his
wie in all seine anderen ich still [mit] verfiel gebend mich auf in seine

wild whims with a perfect abandon. The sable divinity
wilden Wunderlichkeiten mit einer perfekten Hingabe Die schwarze Göttin[der Nacht]

would not herself dwell with us always; but we could counterfeit
wollte [jedoch] nicht sich aufhalten mit uns immer aber wir konnten nachahmen

her presence. At the first dawn of the morning we closed all the messy
ihre Anwesenheit Bei dem ersten Grauen von dem Morgen wir schlossen all die schiefen

shutters of our old building; lighting a couple of tapers which,
Fensterläden von unserem alten Haus entzündend ein paar Wachskerzen die

strongly perfumed, threw out only the ghastliest and feeblest of rays.
stark parfümiert sandten aus nur die bleichesten und schwächsten [---] Strahlen

By the aid of these we then busied our souls in dreams—reading,
Mit der Hilfe von diesen wir dann wiegten unsere Seelen in Träumen lesend

writing, or conversing, until warned by the clock of the
schreibend oder redend bis aufmerksam gemacht durch die Uhr auf das

advent of the true Darkness. Then we sallied forth into the streets
Kommen von der wahren Dunkelheit Dann wir machten [uns] auf auf die Straßen

arm in arm, continuing the topics of the day, or roaming
Arm in Arm fortsetzend die Gespräche von dem Tag oder umherstreifend

far and wide until a late hour, seeking, amid the wild lights and
weit und breit bis zu später Stunde suchend inmitten der wilden Lichter und

shadows of the populous city, that infinity of mental excitement
Schatten von der bevölkerten Stadt jene Unendlichkeit von geistiger Anregung

which quiet observation can afford.
die stille Beobachtung kann bieten

At such times I could not help remarking and admiring
Bei solchen Gelegenheiten ich konnte [mir] nicht helfen bemerkend und bewundernd

(although from his rich ideality I had been prepared to expect it)
obwohl durch sein reiches Gedankengut ich hatte gewesen vorbereitet zu erwarten es

a peculiar analytic ability in Dupin. He seemed, too, to take an
eine eigenartige analytische Begabung an Dupin Er schien auch zu haben eine

eager delight in its exercise—if not exactly in its display—
große Freude an ihrer Ausübung wenn [auch] nicht besonders an ihrer Zurschaustellung

and did not hesitate to confess the pleasure thus derived.
und tat nicht zögern zu zugeben das Vergnügen [das] daraus entstammte

He boasted to me, with a low chuckling laugh, that most men,
Er rühmte sich vor mir mit einem leisen kichernden Gelächter dass [die] meisten Menschen

in respect to himself, wore windows in their bosoms, and was wont to
für ihn trugen Fenster in ihrer Brust und pflegte zu

follow up such assertions by direct and very startling proofs of
bekräftigen derartige Behauptungen durch deutliche und sehr verblüffende Beweise von

his intimate knowledge of my own. His manner at these
seiner privaten Kenntnis über mein eigenes [Innerstes] Seine Art und Weise in diesen

moments was frigid and abstract; his eyes were vacant in expression;
Momenten war kalt und abwesend seine Augen waren leer von Ausdruck

while his voice, usually a rich tenor, rose into a treble which would
während seine Stimme sonst ein reicher Tenor stieg in einen Diskant der würde

have sounded petulantly but for the deliberateness and entire
haben geklungen launisch wenn nicht gewesen wäre die Bedachtsamkeit und ganze

distinctness of the enunciation. Observing him in these moods, I often
Deutlichkeit von der Aussprache Beobachtend ihn in dieser Stimmung ich oft

dwelt meditatively upon the old philosophy of the Bi-Part Soul,
verweilte meditativ in der alten Philosophie von den zwei Seiten einer Seele

and amused myself with the fancy of a double Dupin—the
und amüsierte mich über die Vorstellung von einem doppelten Dupin den

creative and the resolvent.
schöpferischen und den zerstörenden

Let it not be supposed, from what I have just said, that I am
Lassen [Sie] es nicht sein vermutet wovon ich habe gerade gesagt dass ich bin

detailing any mystery, or penning any romance. What I have
erzählend ein Geheimnis oder schreibend einen Roman Was ich habe

described in the Frenchman, was merely the result of an excited, or
geschildert von dem Franzosen war gänzlich das Resultat von einer erregten oder

perhaps of a diseased intelligence. But of the character of his
vielleicht von einer leidenden Intelligenz Aber über den Charakter von seinen

remarks at the periods in question an example will best convey the
Aussprüchen zu den Zeiten wie erwähnt ein Beispiel wird am besten erläutern den

idea.
Gedanken

We were strolling one night down a long dirty street in the vicinity
Wir waren schlendernd eines Nachts durch eine lange schmutzige Strasse in der Nähe

of the Palais Royal. Being both, apparently, occupied with thought,
von dem Palais Royal Seiend beide offenbar beschäftigt mit Gedanken

neither of us had spoken a syllable for fifteen minutes at least.
keiner von uns hatte gesprochen eine Silbe seit fünfzehn Minuten wenigstens

All at once Dupin broke forth with these words: "He is a very little
Ganz plötzlich Dupin brach heraus mit diesen Worten Er ist ein sehr kleiner

fellow, that's true, and would do better for the Théâtre des
Kerl das ist wahr und würde tun [passen] besser für das Théâtre des

Variétés."
Variétés

6

"There can be no doubt of that," I replied unwittingly, and not at first
Da kann sein kein Zweifel an dem ich erwiderte unwillkürlich und nicht zuerst

observing (so much had I been absorbed in reflection) the
bemerkend so sehr hatte ich gewesen vertieft in Gedanken die

extraordinary manner in which the speaker had chimed in with my
seltsame Weise in der der Sprecher hatte übereingestimmt mit meinen

meditations. In an instant afterward I recollected myself, and my
Gedanken Sofort danach ich sammelte wieder mich und mein

astonishment was profound.
Erstaunen war tief

"Dupin," said I, gravely, "this is beyond my comprehension. I do not
Dupin sagte ich ernst dies ist jenseits meines Verständnisses Ich tue nicht

hesitate to say that I am amazed, and can scarcely credit my senses.
zögern zu sagen dass ich bin erstaunt und kann kaum trauen meinen Sinnen

How was it possible you should know I was thinking of —?" Here I
Wie war es möglich Sie sollten wissen ich war denkend an Hier ich

paused, to ascertain beyond a doubt whether he really knew
hielt inne zu versichern [mich] jenseits eines Zweifels ob er wirklich wußte

of whom I thought.
an wen ich dachte

"of Chantilly," said he, "why do you pause? You were remarking to
an Chantilly sagte er warum tun Sie innehalten Sie waren bemerkend zu

yourself that his diminutive figure unfitted him for tragedy."
sich dass seine winzige Gestalt machte untauglich ihn für Tragödie[n]

This was precisely what had formed the subject of my reflections.
Das war exakt was hatte gebildet das Thema von meinen Gedanken

Chantilly was a quondam cobbler of the Rue St. Denis, who, becoming
Chantilly war ein ehemaliger Schuster aus der Rue St. Denis der werdend

stage-mad, had attempted to play the role of Xerxes, in Crébillon's
Theater-besessen, hatte versucht zu spielen die Rolle von Xerxes in Crébillons

tragedy and always been mocked for his pains.
Tragödie und immerzu gewesen verspottet wegen seiner Mühen

"Tell me, for Heaven's sake," I exclaimed, "the method—if
Sagen [Sie] mir um Himmels willen ich rief die Methode wenn

there is—by which you have been enabled to fathom my soul in
da [eine] ist durch die Sie haben gewesen befähigt zu ergründen meine Seele in

this matter." In fact I was even more startled than I would have
dieser Sache Tatsächlich ich war noch mehr verblüfft als ich würde haben

been willing to express.
gewesen bereit zu zugeben

"It was the fruiterer," replied my friend, "who brought you to the
Es war der Obsthändler erwiderte mein Freund der brachte Sie zu dem

conclusion that the mender of soles was not of sufficient height for
Schluss dass der Flicker von Sohlen war nicht von ausreichender Größe für

Xerxes and similar roles."
Xerxes und ähnliche Rollen

"The fruiterer!—you astonish me—I know no fruiterer whomsoever."
Der Obsthändler Sie erstaunen mich ich weiß keinen Obsthändler welchen auch immer

"The man who ran up against you as we entered the street—it may
Der Mann der anrannte gegen Sie als wir bogen [in] die Straße es könnte

have been fifteen minutes ago."
haben gewesen fünfzehn Minuten her

I now remembered that, in fact, a fruiterer, carrying upon his head
Ich jetzt erinnerte [mich] dass tatsächlich ein Obsthändler tragend auf seinem Kopf

a large basket of apples, had nearly thrown me down, by accident,
einen großen Korb von Äpfeln hatte fast geworfen mich nieder zufällig

as we passed from the Rue C — into the thoroughfare where we stood;
als wir kamen von der Rue C in den Durchgang wo wir standen

but what this had to do with Chantilly I could not possibly understand.
aber was dieses hatte zu tun mit Chantilly ich konnte unmöglich verstehen

There was not a particle of charlatanerie about Dupin.
Da war nicht ein Funke von Scharlatanerie an Dupin

"I will explain," he said, "and that you may comprehend all clearly,
Ich werde erklären er sagte und damit Sie können begreifen alles genau

we will first retrace the course of your meditations, from the
wir werden zuerst zurückverfolgen den Gang von Ihren Gedanken von dem

moment in which I spoke to you until that of the rencontre with
Moment in dem ich sprach zu Ihnen bis [zu] dem von dem Zusammentreffen mit

the fruiterer in question. The larger links of the chain run
dem Obsthändler fraglichen Die Haupt-Glieder von der [Gedanken-]Kette verlaufen

thus— Chantilly, Orion, Dr. Nichols, Epicurus, Stereotomy, the
so Chantilly Orion Dr. Nichols Epikur Stereotomie die

street stones, the fruiterer."
Strassen-Steine, der Obsthändler

There are few persons who have not, at some period of their lives,
Da sind wenige Personen die haben nicht zu einer Perode von ihrem Leben

amused themselves in retracing the steps by which particular
vergnügt sich mit zurückverfolgend die Schritte durch welche gewisse

conclusions of their own minds have been attained. The occupation
Folgerungen von ihrem eigenen Verstand haben gewesen gelangt Die Beschäftigung

is often full of interest and he who attempts it for the first time is
ist oft voll von Interesse und der der versucht es zum ersten Mal ist

astonished by the apparently illimitable distance and incoherence
erstaunt über die scheinbare grenzlose Entfernung und Zusammenhanglosigkeit

between the starting-point and the goal. What, then, must have
zwischen dem Ausgangs-Punkt und dem Ziel [-Punkt] Was dann muss haben

been my amazement when I heard the Frenchman speak what he
gewesen mein Erstaunen als ich hörte den Franzosen sagen was er

had just spoken, and when I could not help acknowledging that he
hatte gerade gesprochen und da doch ich musste zugebend dass er

had spoken the truth. He continued:
hatte gesprochen die Wahrheit Er fuhr fort

"We had been talking of horses, if I remember aright, just before
Wir hatten gewesen sprechend von Pferden wenn ich erinnere recht gerade bevor

leaving the Rue C —. This was the last subject we discussed. As we
verlassend die Rue C Das war das letzte Thema wir diskutierten Als wir

crossed into this street, a fruiterer, with a large basket upon his
einbogen in diese Straße ein Obsthändler mit einem großen Korb auf seinem

head, brushing quickly past us, thrust you upon a pile of
Kopf laufend schnell gegen uns stieß Sie gegen einen Haufen von

paving stones collected at a spot where the causeway is
Pflaster-Steinen gesammelt an einer Stelle wo der Damm ist [wird]

undergoing repair. You stepped upon one of the loose fragments,
unterziehend Reparaturen Sie traten auf einen von den losen Bruchstücken

slipped, slightly strained your ankle, appeared vexed or sulky,
rutschten aus leicht verzerrten Ihren Fußknöchel schienen ärgerlich oder verdrossen

muttered a few words, turned to look at the pile, and then proceeded
murmelten ein paar Worte drehten zu blicken auf den Haufen und dann gingen weiter

in silence. I was not particularly attentive to what you did; but
in Schweigen Ich war nicht besonders aufmerksam auf was Sie taten aber

observation has become with me, of late, a species of necessity.
Beobachtung hat geworden für mich letzthin eine Art von Notwendigkeit

"You kept your eyes upon the ground—glancing, with a
Sie ließen Ihre Augen [Blick] auf dem Boden schauend mit einem

petulant expression, at the holes and ruts in the pavement, (so that I
verdrießlichen Ausdruck auf die Löcher und Spuren in dem Pflaster so dass ich

saw you were still thinking of the stones,) until we reached the
saw Sie waren immer noch denkend an die Steine bis wir erreichten die

little alley called Lamartine, which has been paved, by way of
kleine Allee genannt Lamartine die hat gewesen gepflastert durch

experiment, with the overlapping and riveted blocks. Here your
[den] Versuch mit [---] ineinandergreifenden und vernieteten [Holz-] Klötzen Hier Ihre

countenance brightened up, and, perceiving your lips move, I could
Miene hellte auf und bemerkend Ihre Lippen bewegen ich konnte

not doubt that you murmured the word 'stereotomy,' a term
nicht bezweifeln dass Sie murmelten das Wort Stereotomie eine Bezeichnung

very affectedly applied to this species of pavement. I knew that you
sehr gehoben angewendet für diese Art von Pflaster Ich wusste dass Sie

could not say to yourself 'stereotomy' without being brought to think
konnten nicht sagen zu sich Stereotomie ohne werdend gebracht zu denken

of atomies, and thus of the theories of Epicurus; and since, when we
an Atome und somit an die Theorien von Epikur und da als wir

discussed this subject not very long ago, I mentioned to you how
diskutierten dieses Thema nicht sehr lange her ich meinte zu Ihnen wie

singularly, yet with how little notice, the vague guesses of that noble
sonderbar jedoch mit wie wenig Beachtung die vagen Vermutungen von diesem edlen

Greek had met with confirmation in the late nebular cosmogony,
Griechen hatten gestoßen auf Bestätigung durch die letzte [neue] Nebel-Kosmogonie

I felt that you could not avoid casting your eyes upward to the
Ich fühlte dass Sie konnten nicht vermeiden werfend Ihre Augen [Blick] aufwärts zu dem

great nebula in Orion, and I certainly expected that you would do so.
großen Nebel des Orion und ich sicher erwartete dass Sie würden tun so

You did look up; and I was now assured that I had correctly
Sie taten schauen auf und ich war jetzt sicher dass ich hatte richtig

followed your steps. But in that bitter tirade upon Chantilly,
gefolgt Ihren [Gedanken]-Schritten Aber in diesem bitteren Verriss über Chantilly

which appeared in yesterday's 'Musée,' the satirist, making some
der erschien im gestrigen Musée der Satiriker machend einige

disgraceful allusions to the cobbler's change of name upon assuming
schimpfliche Anspielungen auf des Schusters Änderung von Name durch anziehend

the buskin, quoted a Latin line about which we have often
den Kothurn zitierte einen lateinischen Spruch über den wir haben oft
Kothurn = dicksohliger Bühnenschuh in der Antike

conversed. I mean the line -- Perdidit antiquum litera prima sonum.
gesprochen Ich meine den Spruch [lateinisch] Der erste Buchstabe zerstört den gewohnten Klang

I had told you that this was in reference to Orion, formerly written
Ich hatte gesagt Ihnen dass dies war in Bezug auf Orion früher geschrieben

Urion; and, from certain pungencies connected with this
Urion und durch bestimmte scharfe Bemerkungen verbunden mit dieser

explanation, I was aware that you could not have forgotten it. It was
Erklärung ich war sicher dass Sie konnten nicht haben vergessen es Es war

clear, therefore, that you would not fail to combine the two ideas of
klar daher dass Sie würden nicht verfehlen zu kombinieren die zwei Begriffe von

Orion and Chantilly. That you did combine them I saw by the
Orion und Chantilly Dass Sie taten kombinieren sie ich sah an der

character of the smile which passed over your lips. You thought of the
Art von dem Lächeln das ging über Ihre Lippen Sie dachten an des

poor cobbler's immolation. So far, you had been stooping in your gait;
armen Schusters Opferung Bis dahin Sie hatten gewesen bückend in Ihrer Haltung

but now I saw you draw yourself up to your full height. I was then
aber jetzt ich sah Sie ziehen sich hoch zu Ihrer vollen Höhe Ich war dann

sure that you reflected upon the diminutive figure of Chantilly. At this
sicher dass Sie dachten an die kleine Gestalt von Chantilly An diesem

point I interrupted your meditations to remark that as, in fact, he was
Punkt ich unterbrach Ihre Gedanken zu bemerken dass da tatsächlich er war

a very little fellow—that Chantilly—he would do better at the
ein sehr kleines Kerlchen dieser Chantilly er würde tun [passen] besser an das

Théâtre des Variétés.
Théâtre des Variétés

Not long after this, we were looking over an evening edition of the
Nicht lange danach wir waren ansehend über eine Abend-Ausgabe von der

"Gazette des Tribunaux," when the following paragraphs arrested
[Zeitung] als die folgenden Zeilen fesselten

our attention.
unsere Aufmerksamkeit

"EXTRAORDINARY MURDERS.—This morning, about three
Sensationelle Morde Diesen Morgen gegen drei

o'clock, the inhabitants of the Quartier St. Roch were aroused from
Uhr die Bewohner von dem Quartier St. Roch wurden geweckt aus

sleep by a succession of terrific shrieks, issuing, apparently,
Schlaf durch eine Folge von entsetzlichen Schreien herauskommend anscheinend

from the fourth story of a house in the Rue Morgue, known to be in
aus dem vierten Stock von einem Haus in der Rue Morgue bekannt zu sein in

the sole occupancy of one Madame L'Espanaye, and her daughter
der alleinigen Bewohnung von einer Madame L'Espanaye und ihrer Tochter

Mademoiselle Camille L'Espanaye. After some delay, occasioned by
Mademoiselle Camille L'Espanaye Mit einiger Verzögerung entstanden durch

a fruitless attempt to procure admission in the usual manner, the
einen fruchtlosen Versuch zu verschaffen Einlass auf die gewöhnliche Weise das

gateway was broken in with a crowbar, and eight or ten of the
Haustor wurde aufgebrochen mit einer Brechstange und acht oder zehn von den

neighbors entered accompanied by two gendarmes. By this time the
Nachbarn drangen ein begleitet von zwei Gendarmen Unterdessen die

cries had ceased; but, as the party rushed up the first flight of stairs,
Schreie hatten aufgehört aber als die Leute hinaufstürmten die ersten Treppenstufen

two or more rough voices in angry contention were distinguished
zwei oder mehrere raue Stimmen in wütendem Wortstreit wurden vernommen

and seemed to proceed from the upper part of the house. As the
und schienen zu kommen aus dem oberen Teil von dem Haus Als der

second landing was reached, these sounds, also, had ceased and
zweite Treppenabsatz wurde erreicht diese Laute auch hatten aufgehört und

everything remained perfectly quiet. The party spread themselves and
alles blieb völlig still Die Leute verteilten sich und

hurried from room to room. Upon arriving at a large back chamber
eilten von Zimmer zu Zimmer Beim Ankommen an einem großen Hinter-Zimmer

in the fourth story, (the door of which, being found locked, with the
in dem vierten Stock die Tür von diesem seiend gefunden verschlossen mit dem

key inside, was forced open,) a spectacle presented itself which
Schlüssel von innen wurde gebrochen auf ein Anblick bot sich der

struck every one present not less with horror than with astonishment."
versetzte jeden anwesend nicht gering in Entsetzen wie in Verwunderung

The apartment was in the wildest disorder—the furniture broken and
Das Zimmer war in der wildesten Unordnung die Möbel zertrümmert und

thrown about in all directions. There was only one bedstead; and from
geworfen herum in alle Richtungen Da war nur eine Bettstatt und aus

this the bed had been removed, and thrown into the middle of the
dieser die Bett[-Kissen] hatten gewesen geräumt und geworfen auf die Mitte von dem

floor. On a chair lay a razor, besmeared with blood. On the
Boden Auf einem Stuhl lag ein Rasiermesser beschmiert mit Blut Auf dem

hearth were two or three long and thick tresses of grey human hair,
Kamin waren zwei oder drei lange und dicke Strähnen aus grauem Menschen-Haar

also dabbled in blood, and seeming to have been pulled out by the
auch getränkt in Blut und scheinend zu haben gewesen gerissen heraus mit den

roots. Upon the floor were found four Napoleons, an ear-ring of
Wurzeln Auf dem Fußboden wurden gefunden vier Napoleon-Spielkarten ein Ohr-Ring aus

topaz, three large silver spoons, three smaller of métal d'Alger, and
Topas drei große Silber-Löffel drei kleinere aus Neusilber und

two bags, containing nearly four thousand francs in gold. The drawers
zwei Beutel enthaltend fast viertausend Franken in Gold Die Schubfächer

of a bureau, which stood in one corner were open, and had been,
von einem Schreibpult das stand in einer Ecke waren offen und hatten gewesen

apparently, rifled, although many articles still remained in them.
offenbar geplündert obwohl viele Gegenstände noch lagen in ihnen

A small iron safe was discovered under the bed (not under the
Eine kleine Eisen-Kassette wurde entdeckt unter den Bett[-Kissen] nicht unter der

bedstead). It was open, with the key still in the door. It had
Bettstatt Sie war offen mit dem Schlüssel noch in dem Schloss Sie hatte

no contents beyond a few old letters, and other papers of little
keinen Inhalt außer ein paar alten Briefen und anderen Papieren von wenig

consequence.
Belang

Of Madame L'Espanaye no traces were here seen; but an unusual
Von Madame L'Espanaye keine Spuren waren hier gesehen aber eine ungewöhnliche

quantity of soot being observed in the fire-place, a search
Menge von Ruß seiend bemerkt in dem Kamin eine Untersuchung

was made in the chimney, and (horrible to relate!) the corpse of the
wurde gemacht in dem Schornstein und grässlich zu sagen der Leichnam von der

daughter, head downward, was dragged therefrom; it having been thus
Tochter Kopf nach unten wurde gezogen da heraus er habend gewesen so

forced up the narrow aperture for a considerable distance. The
gezwungen hinauf die enge Öffnung für ein beachtliches Stück Der

body was quite warm. Upon examining it, many excoriations were
Körper war noch warm Bei untersuchend ihn viele Hautabschürfungen wurden

perceived, no doubt occasioned by the violence with which it had
gefunden kein Zweifel verursacht durch die Gewalt mit der er hatte

been thrust up and disengaged. Upon the face were many severe
gewesen gestoßen hinauf und gelöst [hinabgezogen] Auf dem Gesicht waren viele schwere

scratches, and, upon the throat, dark bruises, and deep indentations
Kratzer und an dem Hals dunkle Quetschungen und tiefe Eindrücke

of finger nails, as if the deceased had been throttled to death.
von Finger-Nägeln als ob die Verstorbene hatte gewesen erdrosselt zu Tode

After a thorough investigation of every portion of the house, without
Nach einer gründlichen Untersuchung von jedem Teil von dem Haus ohne

farther discovery, the party made its way into a small paved yard
weitere Entdeckung die Leute machten ihren Weg in einen kleinen gepflasterten Hof

in the rear of the building, where lay the corpse of the old lady, with
hinter dem Haus wo lag die Leiche von der alten Dame mit

her throat so entirely cut that, upon an attempt to raise her, the
ihrem Hals so gänzlich durchschnitten dass bei einem Versuch zu heben sie der

head fell off. The body, as well as the head, was fearfully mutilated—
Kopf fiel ab Der Körper sowohl wie der Kopf waren erschreckend verstümmelt

the former so much so as scarcely to retain any semblance of
der erstere so sehr sodass kaum zu bewahren eine Ähnlichkeit von

humanity.
Menschlichkeit

To this horrible mystery there is not as yet, we believe, the slightest
Zu diesem entsetzlichen Geheimnis da ist nicht bis jetzt wir glauben der geringste

clew.
Hinweis

The next day's paper had these additional particulars.
Die darauf folgende Tageszeitung hatte diese zusätzlichen Einzelheiten

The Tragedy in the Rue Morgue. Many individuals have been
Die Tragödie in der Rue Morgue Viele Personen haben gewesen

examined in relation to this most extraordinary and frightful affair.
vernommen in Bezug auf diese sehr außerordentliche und grauenhafte Sache

(The word 'affaire' has not yet, in France, that levity of import
Das Wort Affaire hat noch nicht in Frankreich diese Leichtfertigkeit von Bedeutung

which it conveys with us,) but nothing whatever has transpired to
die sie hat bei uns aber nichts was auch immer hat passiert zu

throw light upon it. We give below all the material testimony
werfen Licht auf sie Wir geben nachfolgend all die Zeugenaussagen

elicited.
aufgenommenen

Pauline Dubourg, laundress, deposes that she has known both the
Pauline Dubourg Wäscherin sagt aus dass sie hat gekannt beide die

deceased for three years, having washed for them during that period.
Verstorbenen seit drei Jahren habend gewaschen für sie während dieser Zeit

The old lady and her daughter seemed on good terms—
Die alte Dame und ihre Tochter schienen auf gutem Fuße miteinander stehen

very affectionate towards each other. They were excellent pay.
sehr liebevoll mit einander Sie waren sehr gute Kunden

Could not speak in regard to their mode or means of living.
Konnte nichts sagen in Bezug auf ihre Lebens-[Verhältnisse] oder Vermögens-Verhältnisse

Believed that Madame L. told fortunes for a living. Was reputed to
Glaubte dass Madame L. wahrsagte von Beruf Stand in dem Ruf zu

have money put by. Never met any persons in the house when
haben Geld zurückgelegt Nie getroffen irgendwelche Leute in dem Haus wenn

she called for the clothes or took them home. Was sure that
sie holte die Wäsche oder brachte sie heim [zurück] War sicher dass

they had no servant in employ. There appeared to be no furniture in
sie hatten keine Dienstboten Da schienen zu sein keine Möbel in

any part of the building except in the fourth story.
jedem Teil von dem Haus abgesehen von dem vierten Stock

Pierre Moreau, tobacconist, deposes that he has been in the habit of
Pierre Moreau Tabakhändler sagt aus dass er hat gewesen gewöhnt zu

selling small quantities of tobacco and snuff to Madame
verkaufen kleine Mengen an Rauchtabak und Schnupftabak an Madame

L'Espanaye for nearly four years. Was born in the neighborhood, and
L'Espanaye seit fast vier Jahren War geboren in der Nachbarschaft und

has always resided there. The deceased and her daughter had
hat immer gewohnt dort Die Verstorbene und ihre Tochter hatte

occupied the house in which the corpses were found, for more than six
bewohnt das Haus in dem die Leichen wurden gefunden seit mehr als sechs

years. It was formerly occupied by a jeweller, who under-let
Jahren Es war früher bewohnt von einem Juwelier der untervermietete

the upper rooms to various persons. The house was the property of
die oberen Räume an verschiedene Leute   Das   Haus   war   der   Besitz   von

Madame L. She became dissatisfied with the abuse of the premises
Madame L. Sie   wurde   unzufrieden   mit   dem Missbrauch von den   Räumen

by her tenant, and moved into them herself, refusing to let
durch ihren Mieter   und   zog   in   sie [die Räume] selbst sich weigernd zu vermieten

any portion. The old lady was childish. Witness had seen the
irgendeinen   Teil   Die alte Dame war kindisch   Zeuge hatte gesehen die

daughter some five or six times during the six years. The two
Tochter   kaum mehr als fünf oder sechs Mal   während der sechs Jahre   Die zwei

lived an exceedingly retired life—were reputed to have money.
lebten ein außerordentlch zurückgezogenes Leben standen in dem Ruf zu haben Geld

Had heard it said among the neighbors that Madame L.
Hatte gehört es gemunkelt unter den Nachbarn   dass Madame L.

told fortunes—did not believe it. Had never seen any person enter
wahrsagte   tat nicht glauben es Hatte nie gesehen jemand   treten durch

the door except the old lady and her daughter, a porter once or
die Tür   außer der alten Dame und ihrer Tochter einen Gepäckträger einmal oder

twice, and a physician some eight or ten times.
zweimal und einen   Arzt   um die acht- oder zehnmal

Many other persons, neighbors, gave evidence to the same effect.
Viele andere Leute   Nachbarn   gaben Zeugenaussagen des gleichen Inhalts

No one was spoken of as frequenting the house. It was not known
Niemand wurde berichtet von [---] verkehrend in   dem Haus   Es war nicht bekannt

whether there were any living connexions of Madame L. and her
ob   da   waren irgendwelche lebenden Verwandte von Madame L. und ihrer

daughter. The shutters of the front windows were seldom opened.
Tochter   Die Fensterläden von den vorderen Fenstern wurden selten   geöffnet

Those in the rear were always closed, with the exception of the large
Die   nach hinten   waren immer geschlossen mit der   Ausnahme von dem großen

back room, fourth story. The house was a good house—not very old.
Hinter-Zimmer   vierter Stock   Das Haus war ein gutes Haus   nicht sehr alt

Isidore Muset, gendarme, deposes that he was called to the house
Isidore Muset   Gendarm   sagt aus dass er wurde gerufen zu dem Haus

about three o'clock in the morning, and found some twenty or thirty
gegen drei   Uhr an dem Morgen und fand einige zwanzig oder dreißig

persons at the gateway, endeavoring to gain admittance. Forced it
Personen an dem Tor   bestrebend zu erlangen Einlass   Brach es

open, at length, with a bayonet—not with a crowbar. Had but little
auf   zuletzt mit einem Bajonett nicht mit einer Brechstange Hatte nur wenig

difficulty in getting it open, on account of its being a double or
Schwierigkeit bei schaffend es auf in Anbetracht es seiend eine Doppel- oder

folding gate, and bolted neither at bottom not top. The shrieks were
Flügel-Tür und verriegelt weder unten noch oben Das Geschrei wurde

continued until the gate was forced—and then suddenly ceased.
fortgesetzt bis die Tür wurde aufgebrochen und dann plötzlich endete

They seemed to be screams of some person (or persons) in great
Sie [Es] schienen zu sein Schreie von einer Person oder Personen in großer

agony—were loud and drawn out, not short and quick. Witness led the
Todesangst waren laut und gezogen lang nicht kurz und schnell Zeuge führte den

way up stairs. Upon reaching the first landing, heard two voices in
Weg nach oben Während erreichend den ersten Treppenabsatz hörte zwei Stimmen in

loud and angry contention—the one a gruff voice, the other much
lautem und wütendem Streit die eine eine raue Stimme die andere viel

shriller—a very strange voice. Could distinguish some words of the
schriller eine sehr sonderbare Stimme Konnte verstehen einige Worte von der

former, which was that of a Frenchman. Was positive that it was
ersteren welche war die von einem Franzosen War überzeugt dass es war

not a woman's voice. Could distinguish the words 'sacré' and
nicht eine Frauen-Stimme Konnte verstehen die Worte sacré und

'diable.' The shrill voice was that of a foreigner. Could not be sure
diable Die schrille Stimme war die von einem Ausländer Konnte nicht sein sicher

whether it was the voice of a man or of a woman. Could not make
ob es war die Stimme von einem Mann oder von einer Frau Konnte nicht machen

out what was said, but believed the language to be Spanish. The state
aus was wurde gesagt aber meinte die Sprache zu sein Spanisch Der Zustand

of the room and of the bodies was described by this witness as we
von dem Raum und von den Leichen wurde beschrieben von diesem Zeugen wie wir

described them yesterday.
beschrieben sie gestern

Henri Duval, a neighbor, and by trade a silver-smith, deposes that he
Henri Duval ein Nachbar und von Beruf ein Silber-Schmied sagt aus dass er

was one of the party who first entered the house. Corroborates the
war einer von den Leuten die zuerst betraten das Haus Bestätigt die

testimony of Muset in general. As soon as they forced an entrance,
Aussage von Muset in der Hauptsache Sobald sie erzwangen den Zutritt

they reclosed the door, to keep out the crowd, which collected
sie verschlossen die Tür zu halten außerhalb die Menschenmenge die [sich] sammelte

very fast, notwithstanding the lateness of the hour. The shrill voice,
sehr schnell ungeachtet der Spätheit von der Stunde Die schrille Stimme

this witness thinks, was that of an Italian. Was certain it was not
dieser Zeuge meint war die von einem Italiener War sicher es war nicht

French. Could not be sure that it was a man's voice. It might have
Französisch Konnte nicht sein sicher dass es war eine Männer-Stimme Es könnte haben

been a woman's. Was not acquainted with the Italian language.
gewesen eine Frauen-[Stimme] War nicht vertraut mit der italienischen Sprache

Could not distinguish the words, but was convinced by the intonation
Konnte nicht verstehen die Worte aber war überzeugt durch den Klang

that the speaker was an Italian. Knew Madame L. and her daughter.
dass der Sprecher war ein Italiener Kannte Madame L. und ihre Tochter

Had conversed with both frequently. Was sure that the shrill voice was
Hatte sich unterhalten mit beiden häufig War sicher dass die schrille Stimme war

not that of either of the deceased.
nicht die von einer von den Verstorbenen

Odenheimer, restaurateur. This witness volunteered his testimony.
Odenheimer Restaurateur Dieser Zeuge machte freiwillig seine Aussage

Not speaking French, was examined through an interpreter. Is a
Nicht sprechend Französisch wurde vernommen durch einen Übersetzer Ist [---]

native of Amsterdam. Was passing the house at the time of the
gebürtig in Amsterdam War vorbeikommend [an] dem Haus zurzeit von den

shrieks. They lasted for several minutes—probably ten. They were
Schreien Sie dauerten an über mehrere Minuten wahrscheinlich zehn Sie waren

long and loud—very awful and distressing. Was one of those who
lang und laut sehr grauenhaft und qualvoll War einer von denjenigen die

entered the building. Corroborated the previous evidence in every
betraten das Haus Bestätigte die vorherige Zeugenaussage in jedem

respect but one. Was sure that the shrill voice was that of a
Punkt außer einem War sicher dass die schrille Stimme war die von einem

man—of a Frenchman. Could not distinguish the words uttered.
Mann von einem Franzosen Konnte nicht verstehen die Worte geäußert

They were loud and quick—unequal—spoken apparently in fear
Sie waren laut und schnell ungleich gesprochen anscheinend in Angst

as well as in anger. The voice was harsh—not so much shrill as
sowie in Zorn Die Stimme war heiser nicht so sehr schrill als [vielmehr]

harsh. Could not call it a shrill voice. The gruff voice said
heiser Konnte nicht bezeichnen es eine schrille Stimme Die raue Stimme sagte

repeatedly 'sacré,' 'diable,' and once 'mon Dieu.'
wiederholt sacré diable und einmal mon Dieu

Jules Mignaud, banker, of the firm of Mignaud et Fils, Rue
Jules Mignaud Bankier von der Firma von Mignaud & Sohn Rue

Deloraine. Is the elder Mignaud. Madame L'Espanaye had some
Deloraine Ist der ältere Mignaud Madame L'Espanaye hatte einiges

property. Had opened an account with his banking house in the
Vermögen Hatte eröffnet ein Konto in seinem Bank-Haus in dem

spring of the year—(eight years previously). Made frequent deposits in
Frühling von dem Jahr acht Jahre zuvor Machte häufige Einzahlungen in

small sums. Had checked for nothing until the third day before her
kleinen Summen Hatte abgehoben nichts bis zu dem dritten Tag vor ihrem

death, when she took out in person the sum of 4000 francs. This
Tode als sie abhob persönlich die Summe von viertausend Franken Diese

sum was paid in gold, and a clerk went home with the money.
Summe wurde gezahlt in Gold und ein Angestellter brachte ins Haus [---] [ihr] das Geld

Adolphe Le Bon, clerk to Mignaud et Fils, deposes that on the day
Adolphe Le Bon Angestellter bei Mignaud & Sohn sagt aus dass an dem Tag

in question, about noon, he accompanied Madame L'Espanaye to her
fraglichen gegen Mittag er begleitete Madame L'Espanaye zu ihrem

residence with the 4000 francs, put up in two bags. Upon the door
Hause mit den viertausend Franken verpackt in zwei Beutel Als die Tür

being opened, Mademoiselle L. appeared and took from his hands one
seiend geöffnet Mademoiselle L. erschien und nahm aus seinen Händen einen

of the bags, while the old lady relieved him of the other. He then
von den Beuteln während die alte Dame abnahm ihm [---] den anderen Er dann

bowed and departed. Did not see any person in the street at the
verbeugte sich und ging Tat nicht sehen einen Menschen auf der Straße zu der

time. It is a bye-street—very lonely.
Zeit Es ist eine Seiten-Straße sehr einsam

William Bird, tailor deposes that he was one of the party who entered
William Bird Schneider sagt aus dass er war einer von den Leuten die betraten

the house. Is an Englishman. Has lived in Paris two years. Was one of
das Haus Ist ein Engländer Hat gelebt in Paris zwei Jahre War einer von

the first to ascend the stairs. Heard the voices in contention. The
den ersten zu hinaufsteigen die Treppen Hörte die Stimmen im Streit Die

gruff voice was that of a Frenchman. Could make out several words,
raue Stimme war die von einem Franzosen Konnte verstehen mehrere Worte

but cannot now remember all. Heard distinctly 'sacré' and 'mon
aber kann nicht jetzt erinnern sich aller Hörte deutlich sacré und mon

Dieu.' There was a sound at the moment as if of several persons
Dieu Da war ein Geräusch in dem Moment als ob [---] mehrere Personen

struggling—a scraping and scuffling sound. The shrill voice was very
kämpften ein scharrendes und schlurfendes Geräusch Die schrille Stimme war sehr

18

loud—louder than the gruff one. Is sure that it was not the voice of
laut lauter als die raue [---] Ist sicher dass es war nicht die Stimme von

an Englishman. Appeared to be that of a German. Might have
einem Engländer Schien zu sein die von einem Deutschen Könnte haben

been a woman's voice. Does not understand German.
gewesen eine Frauen-Stimme Tut nicht verstehen Deutsch

Four of the above-named witnesses, being recalled, deposed that
Vier von den oben-genannten Zeugen seiend wieder vorgerufen sagten aus dass

the door of the chamber in which was found the body of Mademoiselle
die Tür von dem Zimmer in dem wurde gefunden die Leiche von Mademoiselle

L. was locked on the inside when the party reached it. Every thing
L. war zugeschlossen von innen als die Leute erreichten sie Alles

was perfectly silent—no groans or noises of any kind. Upon
war vollkommen still kein Stöhnen oder Geräusche von irgendeiner Art Nach

forcing the door no person was seen. The windows, both of the back
aufbrechend die Tür kein Mensch war gesehen Die Fenster beide von dem hinteren

and front room, were down and firmly fastened from within. A door
und vorderen Zimmer waren geschlossen und fest verriegelt von innen Eine Tür

between the two rooms was closed, but not locked. The door leading
zwischen den zwei Zimmern war zu aber nicht verschlossen Die Tür führend

from the front room into the passage was locked, with the key
von dem vorderen Zimmer in den Korridor war verschlossen mit dem Schlüssel

on the inside. A small room in the front of the house, on the fourth
an der Innenseite Ein kleines Zimmer zu der Vorderseite von dem Haus in dem vierten

story, at the head of the passage was open, the door being ajar. This
Stock an dem Anfang von dem Korridor war offen die Tür seiend angelehnt Dieses

room was crowded with old beds, boxes, and so forth. These were
Zimmer war angefüllt mit alten Betten Koffern und so weiter Diese wurden

carefully removed and searched.
sorgfältig ausgeräumt und durchsucht

There was not an inch of any portion of the house which was not
Da war nicht ein Zoll von irgendeinem Teil von dem Haus der wurde nicht

carefully searched. Sweeps were sent up and down the
sorgfältig durchsucht Schornsteinfeger-Bürsten wurden geschickt hinauf und hinab die

chimneys. The house was a four story one, with garrets (mansardes.)
Schornsteine Das Haus war ein vier-stöckiges Haus mit Dachstuben Mansarden

A trap-door on the roof was nailed down very securely—did not
Eine Fall-Tür auf dem Dach war genagelt zu sehr fest tat nicht

appear to have been opened for years. The time elapsing between the
scheinen zu haben gewesen geöffnet seit Jahren Die Zeit verstreichend zwischen dem

hearing of the voices in contention and the breaking open of the
Hören   von den Stimmen in   Streit   und dem   Aufbrechen   von der

room door, was variously stated by the witnesses. Some made it
Zimmer-Tür. wurde verschiedenartig ausgesagt durch die   Zeugen   Einige hielten es

as short as three minutes—some as long as five. The door was
[für] so kurz wie drei   Minuten   andere [für] so lang wie fünf   Die Tür   wurde

opened with difficulty.
geöffnet   unter Schwierigkeiten

Alfonzo Garcio, undertaker, deposes that he resides in the Rue
Alfonzo   Garcio   Leichenbestatter   sagt aus   dass er   wohnt   in   der Rue

Morgue. Is a native of Spain. Was one of the party who entered the
Morgue   Ist [---] gebürtig in Spanien   War einer von den Leuten   die   betraten   das

house. Did not proceed up stairs. Is nervous, and was apprehensive
Haus   Tat nicht   gehen   [die] Treppe hoch   Ist ängstlich   und war   besorgt

of the consequences of agitation. Heard the voices in contention.
wegen der   Folgen   von Aufregung   Hörte die Stimmen in   Streit

The gruff voice was that of a Frenchman. Could not distinguish
Die raue Stimme war die von einem Franzosen   Konnte nicht   verstehen

what was said. The shrill voice was that of an Englishman—is sure
was wurde gesagt Die schrille Stimme war die von einem   Engländer   ist sicher

of this. Does not understand the English language, but judges by the
darüber   Tut nicht verstehen   die englische   Sprache aber urteilt nach dem

intonation.
Tonfall

Alberto Montani, confectioner, deposes that he was among the first to
Alberto   Montani   Konditor   sagt aus   dass er war unter   den Ersten zu

ascend the stairs. Heard the voices in question. The gruff voice was
hinaufsteigen die Treppen   Hörte die Stimmen fraglichen   Die raue Stimme war

that of a Frenchman. Distinguished several words. The speaker
die von einem Franzosen   Verstand   mehrere Worte   Der Sprecher

appeared to be expostulating. Could not make out the words of the
schien zu sein   protestierend   Konnte nicht   verstehen   die Worte von der

shrill voice. Spoke quick and unevenly. Thinks it the voice of a
schrillen Stimme Sprach schnell und abgehackt   Hält es [für] die Stimme von einem

Russian. Corroborates the general testimony. Is an Italian. Never
Russen   Bestätigt   die allgemeinen Zeugenaussagen Ist ein Italiener   Niemals

conversed with a native of Russia.
gesprochen   mit einem Gebürtigen aus Russland

Several witnesses, recalled, here testified that the chimneys of all the
Mehrere Zeugen   wiederaufgerufen   hier bestätigten dass die   Kamine von all den

rooms on the fourth story were too narrow to admit the   passage   of
Räumen in dem vierten Stock waren zu schmal zu erlauben den Weg hindurch von

a   human being. By 'sweeps' were meant cylindrical
einem menschlichen Wesen Mit Kehrbesen waren gemeint zylinderförmige

sweeping brushes, such as are   employed by   those who clean
Kehr-Bürsten   solche wie werden benutzt von denjenigen die kehren

chimneys. These brushes were passed up and down every flue
Schornsteine Solche Bürsten wurden gefahren hinauf und hinunter jeden Kaminschacht

in the house. There is no back passage by which any one could have
in dem Haus   Da ist kein Hinter-Ausgang durch den jemand könnte haben

descended while the party proceeded   up stairs. The body of
entkommen während die Leute gingen [die] Treppe hoch Der Körper von

Mademoiselle L'Espanaye was so firmly wedged   in the chimney that
Mademoiselle   L'Espanaye war so fest hineingezwängt in den Kaminschlot dass

it could not be   got down until four or five of the party united their
er konnte nicht werden hinuntergezogen bis vier oder fünf von den Leuten vereinten ihre

strength.
Kräfte

Paul Dumas, physician, deposes that he was called to   view   the
Paul Dumas Arzt sagt aus dass er wurde gerufen zu schauen die

bodies about day-break. They were both then lying on the sacking of
Leichen gegen Tages-Anbruch Sie waren beide dann liegend auf der Matratze von

the bedstead in the chamber where Mademoiselle L. was found. The
der Bettstatt in dem Zimmer wo Mademoiselle L. wurde gefunden Der

corpse of the young lady was much bruised and excoriated. The fact
Körper von der jungen Dame war sehr gequetscht und hautabgeschürft Der Umstand

that it had been thrust up the chimney would sufficiently account
dass sie hatte gewesen gestoßen hinauf den Kaminschlot würde ausreichend erklären

for these appearances. The throat was greatly   chafed.   There were
[---] diese äußeren Merkmale Die Kehle war vollständig zusammengepresst Da waren

several deep scratches just below the chin, together with a series of
mehrere tiefe Kratzer direkt unter dem Kinn zusammen mit einer Reihe von

livid   spots which were evidently the impression of fingers. The face
bläulichen Flecken welche waren offenbar die Eindrücke von Fingern Das Gesicht

was fearfully discolored, and the eye-balls protruded. The tongue had
war grässlich verfärbt und die Aug-Äpfel hervorgequollen Die Zunge hatte

been partially bitten through. A large bruise was discovered upon
gewesen teilweise gebissen durch Eine große Quetschung wurde entdeckt auf

the pit of the stomach, produced, apparently, by the pressure of
der Grube von dem Magen hervorgerufen anscheinend durch den Druck von

a   knee. In the opinion of M. Dumas, Mademoiselle L'Espanaye
einem Knie Nach der Meinung von M. Dumas Fräulein L'Espanaye

had been throttled to death by some person or persons unknown.
hatte gewesen gewürgt zu Tode durch eine Person oder Personen unbekannt

The corpse of the mother was horribly mutilated. All the bones of the
Die Leiche von der Mutter war entsetzlich verstümmelt All die Knochen von dem

right leg and arm were more or less shattered. The left tibia
rechten Bein und Arm waren mehr oder weniger zerschmettert Das linke Schienbein

much splintered, as well as all the ribs of the left side. Whole body
sehr zersplittert ebenso wie all die Rippen auf der linken Seite Ganzer Körper

dreadfully bruised and discolored. It was not possible to say how the
furchtbar gequetscht und verfärbt Es war nicht möglich zu sagen wie die

injuries had been inflicted. A heavy club of wood, or a broad
Verletzungen hatten gewesen zugefügt Ein schwerer Knüppel aus Holz oder eine breite

bar of iron—a chair—any large, heavy, and obtuse weapon would
Stange aus Eisen ein Stuhl irgendeine große schwere und stumpfe Waffe würde

have produced such results, if wielded by the hands of a very
haben verursacht solche Resultate wenn geführt durch die Hände von einem sehr

powerful man. No woman could have inflicted the blows with any
starken Mann Keine Frau könnte haben zugefügt die Schläge mit einer

weapon. The head of the deceased, when seen by witness, was
Waffe Der Kopf von der Verstorbenen als gesehen durch [den] Zeugen war

entirely separated from the body, and was also greatly shattered. The
ganz getrennt von dem Körper und war auch vollständig zerschmettert Der

throat had evidently been cut with some very sharp
Hals hatte offenbar gewesen durchschnitten mit einem sehr scharfen

instrument— probably with a razor.
Instrument wahrscheinlich mit einem Rasiermesser

Alexandre Etienne, surgeon, was called with M. Dumas to view the
Alexandre Etienne Wundarzt wurde gerufen mit M. Dumas zu schauen die

bodies. Corroborated the testimony, and the opinions of M. Dumas.
Leichen Bestätigt die Zeugenaussage und das Gutachten von M. Dumas

Nothing farther of importance was elicited, although several other
Nichts Weiteres von Wichtigkeit wurde festgestellt obwohl mehrere andere

persons were examined. A murder so mysterious, and so perplexing in
Personen wurden verhört Ein Mord so geheimnisvoll und so verwirrend in

all its particulars, was never before committed in Paris—if indeed a
all seinen Einzelheiten wurde nie vorher begangen in Paris wenn tatsächlich ein

murder has been committed at all. The police are entirely at fault—
Mord hat gewesen begangen überhaupt Die Polizei ist völlig auf falscher Fährte

an unusual occurrence in affairs of this nature. There is not,
ein ungewöhnliches Vorkommnis von dieser Art Da ist nicht

however,   the shadow of a clew apparent."
wie auch immer der   Schatten von einer Spur   ersichtlich

The evening edition of the paper stated that the greatest excitement
Die   Abend-Ausgabe   von der Zeitung berichtete dass die   höchste   Aufregung

still   continued in the Quartier St. Roch—that the premises
noch immer   herrschte   in dem   Quartier   St. Roch   dass der   Tatort

in question had been carefully re-searched, and fresh examinations of
fragliche   hatte gewesen sorgfältig wieder untersucht und neue   Verhöre   von

witnesses instituted, but all to no purpose. A postscript, however,
Zeugen   durchgeführt aber alles   vergebens   Eine Nachschrift wie auch immer

mentioned that Adolphe Le Bon had been arrested and imprisoned—
teilte mit   dass Adolphe   Le Bon hatte gewesen verhaftet und   eingesperrt

although nothing appeared to criminate him, beyond the facts already
obwohl   nichts   vorlag   zu beschuldigen ihn   jenseits der Fakten schon

detailed.
berichtet

Dupin seemed singularly interested in the progress of this affair—
Dupin   schien   ungewöhnlich interessiert an dem   Verlauf von dieser Sache

at least so I judged from his manner, for he made no comments. It
zumindest so ich urteilte   an seinem Benehmen denn er machte keine Bemerkungen Es

was only after the announcement that Le Bon had been imprisoned,
war erst nach der   Bekanntgabe   dass Le Bon hatte gewesen eingesperrt

that he asked me   my opinion respecting the murders.
dass er fragte mich [nach] meiner Meinung   hinsichtlich der   Morde

I could merely agree   with all Paris in considering them an insoluble
Ich konnte lediglich zustimmen mit ganz Paris [---]   erachtend   sie   ein unlösbares

mystery. I saw no means by which it would be possible to trace   the
Geheimnis Ich sah kein   Mittel durch welches es würde sein möglich   zu aufspüren die

murderer.
Mörder

"We must not judge of the means," said Dupin, "by this   shell
 Wir dürfen nicht urteilen nach dem Mittelmaß   sagte Dupin   durch diese Schale [dünne]

of an examination. The Parisian police, so much extolled for acumen,
von einer Untersuchung Die Pariser   Polizei so hoch   gepriesen für Scharfsinn

are   cunning, but no more. There is no method in their proceedings,
sind [ist] schlau   aber nicht mehr   Da   ist keine Methode in ihrem   Vorgehen

beyond   the method of the moment. They make   a vast parade of
abgesehen von der Methode von dem Augenblick   Sie führt durch eine riesige Menge von

23

measures; but, not unfrequently, these are so ill adapted to the
Maßnahmen aber nicht selten diese sind so schlecht angepasst an den

objects proposed, as to put us in mind of Monsieur Jourdain's
Zweck beabsichtigten sodass wir erinnern uns an Herrn Jourdains [Geschichte]

calling for his pajamas—*pour mieux entendre la musique. [französ.]*
rufend nach seinem Schlafanzug um besser zu hören die Musik

The results attained by them are not unfrequently surprising, but,
Die Resultate erzielt durch sie sind nicht selten überraschend aber

for the most part, are brought about by simple diligence and activity.
zumeist werden erreicht durch einfachen Fleiß und Rührigkeit

When these qualities are unavailing, their schemes fail. Vidocq, for
Wenn diese Eigenschaften sind vergeblich ihr Plan versagt Vidocq zum

example, was a good guesser and a persevering man. But, without
Beispiel war ein guter Kombinierer und ein beharrlicher Mann Aber ohne

educated thought, he erred continually by the very intensity of his
geschultes Denken he irrte wiederholt durch die große Intensität von seinen

investigations. He impaired his vision by holding the object
Untersuchungen Er schränkte ein seine Übersicht durch haltend [betrachtend] die Dinge

too close. He might see, perhaps, one or two points with unusual
zu nah Er könnte sehen vielleicht ein oder zwei Punkte mit ungewöhnlicher

clearness, but in so doing he, necessarily, lost sight of the matter as
Deutlichkeit aber wenn so tuend er notwendigerweise verlor Sicht über die Sache im

a whole.
Ganzen

Thus there is such a thing as being too profound. Truth
Somit da ist solch eine Sache mit seiend allzu tiefsinnig Wahrheit

is not always in a well. In fact, as regards the more important
ist nicht immer in einem Brunnen Tatsächlich was anbetrifft das wichtigere

knowledge, I do believe that she is invariably superficial. The depth
Wissen ich tue glauben dass sie ist beständig an der Oberfläche Die Tiefe

lies in the valleys where we seek her, and not upon the mountain-tops
liegt in den Tälern wo wir suchen sie und nicht auf den Berg-Höhen

where she is found. The modes and sources of this kind of error are
wo sie wird gefunden Die Arten und Ursprünge bei dieser Art von Fehler sind

well typified in the contemplation of the heavenly bodies. To look
gut versinnbildlicht bei der Beobachtung von den Himmels-Körpern Zu schauen

at a star by glances—to view it in a side-long way, by turning
auf einen Stern durch flüchtige Blicke zu betrachten ihn in eine seitliche Weise durch Wenden

toward it the exterior portions of the retina (more susceptible of feeble
zu ihm die äußeren Teile von der Netzhaut empfänglicher für schwache

impressions of light than the interior), is to behold the star distinctly—
Eindrücke von Licht als die inneren heißt zu sehen den Stern deutlich

is to have the best appreciation of its lustre—a lustre which grows
heißt zu haben die beste Würdigung von seinem Glanze ein Glanz der wird

dim just in proportion as we turn our vision fully upon it. A greater
matt genau in [dem] Ausmaß wie wir wenden unseren Blick ganz zu ihm Eine größere

number of rays actually fall upon the eye in the latter case, but, in the
Anzahl von Strahlen tatsächlich fällt auf das Auge in dem letzteren Fall aber in dem

former, there is the more refined capacity for comprehension. By
ersteren da ist eine verfeinerte Fähigkeit zur Aufnahme Durch

undue profundity we perplex and enfeeble thought; and it is possible
übermäßige Gründlichkeit wir erstaunen und verwirren Gedanken und es ist möglich

to make even Venus herself vanish from the firmanent by a
zu lassen sogar Venus selbst verschwinden von dem Firmament durch einen

scrutiny too sustained, too concentrated, or too direct.
forschenden Blick zu anhaltend zu konzentriert oder zu direkt

As for these murders, let us enter into some examinations for
Bezüglich dieser Morde lassen [Sie] uns begeben in einige Untersuchungen für

ourselves, before we make up an opinion respecting them. An
uns selbst bevor wir bilden eine Meinung im Hinblick auf sie Eine

inquiry will afford us amusement," (I thought this an odd term,
Ermittlung wird machen uns Freude Ich fand dies einen seltsamen Ausdruck

so applied, but said nothing) "and, besides, Le Bon once rendered me
so verwendet aber sagte nichts und außerdem Le Bon einmal erwies mir

a service for which I am not ungrateful. We will go and see the
einen Dienst für den ich bin nicht undankbar Wir werden gehen und sehen den

premises with our own eyes. I know G—, the Prefect of Police, and
Tatort mit unseren eigenen Augen Ich kenne G den obersten Chef der Polizei und

shall have no difficulty in obtaining the necessary permission."
sollte haben keine Schwierigkeit im Beschaffen die notwendige Erlaubnis

The permission was obtained, and we proceeded at once to the Rue
Die Erlaubnis wurde erhalten und wir gingen sofort zu der Rue

Morgue. This is one of those miserable thoroughfares which intervene
Morgue Dies ist eine von diesen elenden Durchgangsstrassen die verlaufen

between the Rue Richelieu and the Rue St. Roch. It was late in the
zwischen der Rue Richelieu und der Rue St. Roch Es war spät an dem

afternoon when we reached it; as this quarter is at a great distance
Nachmittag als wir erreichten sie da dieser Stadtteil ist in einer großen Entfernung

from that in which we resided. The house was readily found; for there
von dem in dem wir wohnten Das Haus war sofort gefunden da dort

were still many persons gazing up at the closed shutters, with
waren immer noch viele Leute gaffend hoch zu den geschlossenen Fensterläden mit

an objectless curiosity, from the opposite side of the way. It was
einer zwecklosen Neugier von der gegenüberliegenden Seite von der Straße Es war

an ordinary Parisian house, with a gateway, on one side of which
ein gewöhnliches Pariser Haus mit einem Torweg an einer Seite von diesem

was a glazed watch-box, with a sliding panel in the window,
war ein verglastes Wach-Stübchen mit einer Schiebe-Tür in dem Fenster

indicating a loge de concierge [frz.]. Before going in we walked up the
hinweisend auf einen Sitzplatz der Hausmeisterin Bevor gehend hinein wir gingen hinauf die

street, turned down an alley, and then, again turning, passed
Strasse wendeten entlang eine Allee und dann wieder abbiegend kamen vorbei

in the rear of the building—Dupin, meanwhile examining the whole
hinter dem Gebäude Dupin inzwischen prüfend die ganze

neighborhood, as well as the house, with a minuteness of attention
Nachbarschaft wie auch das Haus mit einer Genauigkeit von Aufmerksamkeit

for which I could see no possible object.
für die ich konnte sehen keinen möglichen Grund

Retracing our steps, we came again to the front of the dwelling,
Zurückgehend wir kamen wieder zu der Vorderseite von dem Wohnhaus

rang, and, having shown our credentials, were admitted by the
klingelten und habend gezeigt unser Erlaubnisschreiben wurden eingelassen von den

agents in charge. We went up stairs— into the chamber where the
Wachkräften diensthabenden Wir gingen die Treppe hinauf in das Zimmer wo die

body of Mademoiselle L'Espanaye had been found, and where both
Leiche von Mademoiselle L'Espanaye hatte gewesen gefunden und wo beide

the deceased still lay. The disorders of the room had, as usual,
die Verstorbenen immer noch lagen Die Unordnung von dem Zimmer hatte wie gewöhnlich

been suffered to exist. I saw nothing beyond what had been stated in
gewesen zugelassen zu bleiben Ich sah nichts außer was hatte gewesen bemerkt in

the "Gazette des Tribunaux." Dupin scrutinized every thing—not
der Gazette des Tribunaux Dupin prüfte genau alles nicht

excepting the bodies of the victims. We then went into the other
ausgenommen die Leichen von den Opfern Wir dann gingen in die anderen

rooms, and into the yard; a gendarme accompanying us throughout.
Zimmer und in den Hof ein Polizist begleitend uns überall hin

The examination occupied us until dark, when we took our
Die Untersuchung beschäftigte uns bis zur Dunkelheit als wir nahmen unseren

departure.
Aufbruch

On our way home my companion stepped in for a moment at
Auf unserem Weg nach Hause mein Begleiter trat ein für einen Moment in

the office of one of the daily papers. I have said that the whims of my
das Büro von einer von den Tages-Zeitungen Ich habe gesagt dass die Einfälle von meinem

friend were manifold, and that *Je les ménageais:*— for this phrase there
Freund waren vielfältig und dass ich nehme Rücksicht auf sie für diesen Ausdruck da

is no English equivalent. It was his humor, now, to decline all
ist keine englische Entsprechung Es war sein Humor jetzt zu vermeiden jedes

conversation on the subject of the murder, until about noon the next
Gespräch mit dem Thema von dem Mord bis gegen Mittag den nächsten

day. He then asked me, suddenly, if I had observed any thing peculiar
Tag Er dann fragte mich plötzlich ob ich hatte bemerkt irgendetwas Sonderbares

at the scene of the atrocity.
an dem Schauplatz von der Grässlichkeit

There was something in his manner of emphasizing the word
Da war etwas an seiner Art von Betonen das Wort

"peculiar," which caused me to shudder, without knowing why.
Sonderbares das machte mich [---] schaudern ohne wissend warum

"No, nothing peculiar," I said; "nothing more, at least, than we both
Nein nichts Sonderbares ich sagte nicht mehr jedenfalls als wir beide

saw stated in the paper."
sahen geschrieben in der Zeitung

"The 'Gazette,'" he replied, "has not entered, I fear, into the
Die Gazette er antwortete hat nicht eingegangen ich fürchte auf das

unusual horror of the thing. But dismiss the idle opinions of
ungewöhnliche Grauen von der Sache Aber sehen [Sie] ab von den unnützen Meinungen von

this print. It appears to me that this mystery is considered insoluble,
diesem Blatte Es scheint mir dass dieses Geheimnis wird gehalten für unlösbar

for the very reason which should cause it to be regarded as easy
aus dem gleichen Grund der sollte veranlassen es zu werden beurteilt als einfach

of solution—I mean for the outré character of its features. The
zu lösen ich meine wegen des ausgefallenen Charakters von seinen Einzelheiten Die

police are confounded by the seeming absence of motive—not for
Polizei sind [ist] verwirrt durch das scheinbare Fehlen von Motiv[en] nicht wegen

the murder itself—but for the atrocity of the murder. They are
des Mordes selbst aber wegen der Grässlichkeit von dem Mord Sie sind [ist]

puzzled, too, by the seeming impossibility of reconciling the voices
ratlos auch durch die scheinbare Unmöglichkeit von in Einklang Bringen die Stimmen

heard in contention, with the facts that no one was discovered
gehörten im Streit mit den Fakten dass niemand wurde entdeckt

up stairs but the assassinated Mademoiselle L'Espanaye, and that
oben außer der ermordeten Mademoiselle L'Espanaye und dass

there were no means of egress without the notice of the party
da waren keine Fluchtmöglichkeiten ohne die Kenntnis von den Leuten

ascending. The wild disorder of the room; the corpse thrust, with
hinaufkommenden Die wilde Unordnung von dem Zimmer die Leiche gepresst mit

the head downward, up the chimney; the frightful mutilation of the
dem Kopf nach unten hinauf den Kaminschlot die entsetzlichen Verstümmelungen an dem

body of the old lady; these considerations, with those just mentioned,
Körper von der alten Dame diese Erwägungen mit jenen gerade erwähnten

and others which I need not mention, have sufficed to paralyze the
und anderen die ich brauche nicht nennen haben ausgereicht zu lähmen die

powers, by putting completely at fault the boasted acumen, of the
Kräfte durch Führen vollkommen in die Irre den gerühmten Scharfsinn von den

government agents. They have fallen into the gross but common error
Regierungsbeamten Sie haben gefallen in den groben aber gewöhnlichen Irrtum

of confounding the unusual with the abstruse.
von Verwechseln das Ungewöhnliche mit dem Tiefgründigen

But it is by these deviations from the plane of the ordinary, that
Aber es ist durch diese Abweichungen von der Ebene von dem Gewöhnlichen dass

reason feels its way, if at all, in its search for the true. In
Vernunft findet ihren Weg wenn überhaupt auf ihrer Suche nach der Wahrheit Bei

investigations such as we are now pursuing, it should not be so much
Untersuchungen wie wir sind jetzt durchführend es sollte nicht sein so häufig

asked 'what has occurred,' as 'what has occurred that has never
gefragt was hat geschehen als was hat geschehen dass hat nie

occurred before.' In fact, the facility with which I shall arrive, or have
geschehen zuvor Tatsächlich die Leichtigkeit mit der ich werde kommen oder habe

arrived, at the solution of this mystery, is in the direct ratio of
gekommen zu der Lösung von diesem Rätsel steht in dem direkten Verhältnis zu

its apparent insolubility in the eyes of the police."
seiner scheinbaren Unlösbarkeit in den Augen von der Polizei

I stared at the speaker in mute astonishment.
Ich starrte auf den Sprecher in sprachlosem Erstaunen

"I am now awaiting," continued he, looking toward the door of our
Ich bin jetzt erwartend fuhr fort er blickend auf die Tür von unserem

apartment—"I am now awaiting a person who, although perhaps not
Zimmer ich bin jetzt erwartend eine Person die obwohl vielleicht nicht

the perpetrator of these butcheries, must have been in some
der Täter von diesen Metzeleien muss haben gewesen in irgendeinem

measure implicated in their perpetration. Of the worst portion of the
Maße verwickelt in ihre Verübung An dem schlimmsten Teil von den

crimes committed, it is probable that he is innocent. I hope that I am
Verbrechen begangenen es ist wahrscheinlich dass er ist unschuldig Ich hoffe dass ich bin

right in this supposition; for upon it I build my expectation of reading
richtig mit dieser Annahme denn darauf ich gründe meine Erwartung vom Lösen

the entire riddle. I look for the man here—in this room—every
des ganzen Rätsels Ich erwarte den Mann hier in diesem Zimmer jeden

moment. It is true that he may not arrive; but the probability is
Moment Es ist wahr dass er [auch] könnte nicht kommen aber die Wahrscheinlichkeit ist

that he will. Should he come, it will be necessary to detain him. Here
dass er wird Sollte er kommen es wird sein nötig zu festhalten ihn Hier

are pistols; and we both know how to use them when occasion
sind Pistolen und wir beide wissen wie zu benutzen sie wenn Gelegenheit

demands their use."
erfordert ihren Gebrauch

I took the pistols, scarcely knowing what I did, or believing what I
Ich nahm die Pistolen kaum wissend was ich tat oder glaubend was ich

heard, while Dupin went on, very much as if in a soliloquy. I have
hörte während Dupin fortfuhr fast als ob in einem Selbstgespräch Ich habe

already spoken of his abstract manner at such times. His discourse
bereits gesprochen von seinem abwesenden Verhalten zu solchen Zeiten Seine Rede

was addressed to myself; but his voice, although by no means loud,
war gerichtet an mich aber seine Stimme obwohl keineswegs laut

had that intonation which is commonly employed in speaking to
hatte diesen Tonfall der wird gewöhnlich gebraucht beim Sprechen zu

some one at a great distance. His eyes, vacant in expression,
jemandem in einer großen Entfernung Seine Augen leer an Ausdruck

regarded only the wall.
betrachteten nur die Wand

"That the voices heard in contention," he said, "by the party upon the
Dass die Stimmen gehörten im Streit er sagte von den Leuten auf der

stairs, were not the voices of the women themselves, was fully
Treppe waren nicht die Stimmen von den Frauen selbst wurde vollständig

proved by the evidence. This relieves us of all doubt upon the
bewiesen durch die Zeugenaussagen Dies befreit uns von allem Zweifel bezüglich der

question whether the old lady could have first destroyed the daughter
Frage ob die alte Dame könnte haben zuerst ermordet die Tochter

and afterward have committed suicide. I speak of this point chiefly
und nachher haben begangen Selbstmord Ich spreche von diesem Punkt hauptsächlich

for the sake of method; for the strength of Madame L'Espanaye would
um der Methode willen denn die Kraft von Madame L'Espanaye würde

have been utterly unequal to the task of thrusting her daughter's
haben gewesen völlig nicht gewachsen zu der Aufgabe von Zwängen ihrer Tochters

corpse up the chimney as it was found; and the nature of the wounds
Leiche hinauf den Kaminschlot wie er wurde gefunden und die Art von den Wunden

upon her own person entirely preclude the idea of self-destruction.
an ihrer eigenen Person gänzlich ausschließen die Vorstellung von Selbstmord

Murder, then, has been committed by some third party; and the
Mord somit hat gewesen verübt durch eine dritte Partei und die

voices of this third party were those heard in contention. Let me
Stimmen von dieser dritten Partei waren jene gehört im Streit Lassen [Sie] mich

now advert—not to the whole testimony respecting these voices—
jetzt hinweisen nicht auf die ganzen Zeugenaussagen bezüglich dieser Stimmen

but to what was peculiar in that testimony. Did you observe
aber auf was war sonderbar an diesen Zeugenaussagen Taten Sie bemerken

any thing peculiar about it?"
irgendetwas Sonderbares an ihnen

I remarked that, while all the witnesses agreed in supposing the
Ich antwortete dass während alle die Zeugen übereinstimmten mit Annehmen die

gruff voice to be that of a Frenchman, there was much
raue Stimme zu sein die von einem Franzosen da war viel

disagreement in regard to the shrill, or, as one individual termed it, the
Uneinigkeit in Bezug auf die schrille oder wie eine Person ausdrückte es die

harsh voice.
heisere Stimme

"That was the evidence itself," said Dupin, "but it was not the
Das war die Zeugenaussage an sich sagte Dupin aber es war nicht das

peculiarity of the   evidence. You have observed nothing distinctive.
Sonderbare an der Zeugenaussage Sie haben bemerkt nichts Besonderes

Yet there was something to be observed. The witnesses, as you
Doch da war etwas to sein bemerkt Die Zeugen wie Sie

remark, agreed about the gruff voice; they were here unanimous.
feststellen übereinstimmten bei der rauen Stimme sie waren hier einmütig

But in regard to the shrill voice, the peculiarity is—not that they
Aber in Bezug auf die schrille Stimme das Eigentümliche ist nicht dass sie

disagreed— but that, while an Italian, an Englishman, a Spaniard,
nicht übereinstimmten aber dass während ein Italiener ein Engländer ein Spanier

a Hollander, and a Frenchman attempted to describe it, each one
ein Holländer und ein Franzose versuchten zu beschreiben es jeder Einzelne

spoke of it as that of a foreigner. Each is sure that it was not the
sprach von ihr als die von einem Ausländer Jeder ist sicher dass es war nicht die

voice of one of his own countrymen. Each likens it—not to the
Stimme von einem von seinen eigenen Landsmännern Jeder vergleicht sie nicht mit der

voice of an individual of any nation with whose language he is
Stimme von einer Person von einem Land mit dessen Sprache er ist

conversant—but the converse. The Frenchman supposes it the
vertraut sondern die Umkehrung Der Franzose hält sie für [die]

voice of a Spaniard, and 'might have distinguished some words
Stimme von einem Spanier und könnte haben verstanden einige Worte

had he been acquainted with the Spanish.' The Dutchman maintains
hätte er gewesen vertraut mit dem Spanischen Der Holländer behauptet

it to have been that of a Frenchman; but we find it stated that 'not
sie zu haben gewesen die von einem Franzosen aber wir sehen es berichtet dass nicht

understanding French this witness was examined through an
verstehend Französisch dieser Zeuge wurde vernommen durch einen

interpreter.' The Englishman thinks it the voice of a German, and
Übersetzer Der Engländer hält sie [für] die Stimme von einem Deutschen und

'does not understand German.' The Spaniard 'is sure' that it was that
tut nicht verstehen Deutsch Der Spanier ist sicher dass es war die

of an Englishman, but 'judges by the intonation' altogether, 'as he
von einem Engländer aber urteilt nach dem Tonfall insgesamt da er

has no knowledge of the English.' The Italian believes it the voice of
hat keine Kenntnis von dem Englischen Der Italiener glaubt an [---] die Stimme von

a Russian, but 'has never conversed with a native of Russia.'
einem Russen aber hat nie gesprochen mit einem Gebürtigen von Russland

A second Frenchman differs, moreover, with the first, and is positive
Ein zweiter Franzose weicht ab überdies von dem ersten und ist sicher

that the voice was that of an Italian; but, not being cognizant of that
dass die Stimme war die von einem Italiener aber nicht seiend vertraut mit dieser

tongue, is, like the Spaniard, 'convinced by the intonation.'
Sprache ist wie der Spanier überzeugt durch den Tonfall

Now, how strangely unusual must that voice have really been,
Nun wie seltsam ungewöhnlich muss diese Stimme haben wirklich gewesen

about which such testimony as this could have been elicited!—in
dass darüber solche Zeugenaussagen wie diese konnten haben gewesen herausgeholt an

whose tones, even, denizens of the five great divisions of Europe
dessen Lauten sogar Bewohner von den fünf großen Völkergruppen von Europa

could recognise nothing familiar!
konnten erkennen nichts Vertrautes

You will say that it might have been the voice of an Asiatic—of
Sie werden sagen dass es könnte haben gewesen die Stimme von einem Asiaten von

an African. Neither Asiatics nor Africans abound in Paris; but,
einem Afrikaner Weder Asiaten noch Afrikaner sind derer viele in Paris aber

without denying the inference, I will now merely call your attention
ohne bestreitend den Einwand ich werde jetzt allein leiten Ihre Aufmerksamkeit

to three points. The voice is termed by one witness 'harsh rather
auf drei Punkte Die Stimme wird bezeichnet als durch einen Zeugen heiser eher

than shrill.' It is represented by two others to have been 'quick and
als schrill Es wird geschildert durch zwei andere zu haben gewesen schnell und

unequal.' No words—no sounds resembling words—were by any
abgehackt Keine Worte keine Laute ähnelnd Worten wurden durch einen

witness mentioned as distinguishable.
Zeugen erwähnt als unterscheidbar

"I know not," continued Dupin, "what impression I may have made,
Ich weiß nicht fuhr fort Dupin welchen Eindruck ich könnte haben gemacht

so far, upon your own understanding; but I do not hesitate to say
bisher auf Ihren eigenen Verstand aber ich tue nicht zögern zu sagen

that legitimate deductions even from this portion of the testimony—
dass berechtigte Schlussfolgerungen gerade von diesem Teil von den Zeugenaussagen

the portion respecting the gruff and shrill voices—are in themselves
dem Teil bezüglich der rauen und schrillen Stimme sind an sich

sufficient to engender a suspicion which should give direction to
ausreichend zu erregen einen Verdacht der sollte geben Richtung für

all farther progress in the investigation of the mystery. I said
alle weiteren Fortschritte in der Untersuchung von dem Rätsel Ich sagte

'legitimate deductions;' but my meaning is not thus fully expressed.
berechtigte Schlussfolgerungen aber meine Folgerung ist nicht so gänzlich ausgeführt

I designed to imply that the deductions are the sole proper ones,
Ich entwarf zu unterstellen dass die Schlussfolgerungen sind die einzig richtigen [---]

and that the suspicion arises inevitably from them as the single result.
und dass der Verdacht entsteht unvermeidlich von ihnen als die einzige Folge

What the suspicion is, however, I will not say just yet. I merely
Was der Verdacht ist wie auch immer ich werde nicht sagen noch vorläufig Ich nur

wish you to bear in mind that, with myself, it was sufficiently forcible
bitte Sie zu immer denken an dass für mich es war ausreichend wirksam

to give a definite form—a certain tendency—to my inquiries in
zu geben eine bestimmte Gestalt eine sichere Richtung für meine Untersuchungen in

the chamber.
dem Zimmer

Let us now transport ourselves, in fancy, to this chamber. What
Lassen [Sie] uns jetzt versetzen uns im Geiste in dieses Zimmer Was

shall we first seek here? The means of egress employed by the
sollen wir zuerst suchen hier Die Mittel und Wege zur Flucht benutzt von den

murderers. It is not too much to say that neither of us believe in
Mördern Es ist nicht zu viel zu behaupten dass keiner von uns glaubt an

preternatural events. Madame and Mademoiselle L'Espanaye were
übernatürliche Dinge Madame und Mademoiselle L'Espanaye sind

not destroyed by spirits. The doers of the deed were
nicht ums Leben gekommen durch Geister Die Täter von der Tat waren

material, and escaped materially. Then how? Fortunately, there is
körperliche Wesen und entkamen körperlich Aber wie Glücklicherweise da ist

but one mode of reasoning upon the point, and that mode must lead
nur eine Art von Folgerung zu dem Punkt und diese Art muss führen

us to a definite decision.
uns zu einer endgültigen Entscheidung

Let us examine, each by each, the possible means of egress. It is
Lassen [Sie] uns untersuchen der Reihe nach die möglichen Wege zur Flucht Es ist

clear that the assassins were in the room where Mademoiselle
sicher dass die Mörder waren in dem Zimmer wo Mademoiselle

L'Espanaye was found, or at least in the room adjoining, when the
L'Espanaye wurde gefunden oder zumindest in dem Zimmer angrenzenden als die

party ascended the stairs. It is then only from these two apartments
Leute kamen hoch die Treppe Es ist dann nur von diesen zwei Zimmern

that we have to seek issues. The police have laid bare the floors, the
dass wir haben zu suchen Ausgänge Die Polizei haben [hat] untersucht die Böden die

ceilings, and the masonry of the walls, in every direction. No secret
Decken und das Mauerwerk von den Wänden genauestens Keine geheimen

issues could have escaped their vigilance. But, not trusting to their
Ausgänge konnten haben entgangen ihrer Aufmerksamkeit Aber nicht vertrauend auf ihre

eyes, I examined with my own. There were, then, no secret issues.
Augen ich prüfte mit meinen eigenen Da waren aber keine geheimen Ausgänge

Both doors leading from the rooms into the passage were securely
Beide Türen führend von den Räumen in den Korridor waren fest

locked, with the keys inside.
verschlossen mit den Schlüsseln innen

Let us turn to the chimneys. These, although of ordinary width
Lassen [Sie] uns wenden zu den Kaminschloten Diese obwohl von gewöhnlicher Breite

for some eight or ten feet above the hearths, will not admit,
von einigen acht oder zehn Fuß oberhalb der Kamine würden [aber] nicht erlauben

throughout their extent, the body of a large cat.
durch ihre Verengung den Körper von einer großen Katze

The impossibility of egress, by means already stated, being thus
Die Unmöglichkeit von Flucht durch Wege schon festgestellt seiend so

absolute, we are reduced to the windows. Through those of the
unumstößlich wir sind beschränkt auf die Fenster Durch jene von dem

front room no one could have escaped without notice from the crowd
Vorder-Zimmer niemand könnte haben entflohen ohne Kenntnis von den Leuten

in the street. The murderers must have passed, then, through those of
auf der Straße Die Mörder müssen haben entkommen dann durch jene von

the back room. Now, brought to this conclusion in so unequivocal a
dem Hinter-Zimmer Nun gelangt zu diesem Schluss auf so eindeutige [---]

manner as we are, it is not our part, as reasoners, to reject it on
Weise wie wir sind es ist nicht unsere Sache als Denker zu verwerfen ihn auf

account of apparent impossibilities. It is only left for us to prove
Grund von offensichtlichen Unmöglichkeiten Es ist nur geblieben uns zu beweisen

that these apparent 'impossibilities' are, in reality, not such.
dass diese offensichtlichen Unmöglichkeiten sind in Wirklichkeit gar nicht so

There are two windows in the chamber. One of them is unobstructed
Da sind zwei Fenster in dem Zimmer Eines von ihnen ist nicht verstellt

by furniture, and is wholly visible. The lower portion of the other is
durch Möbel und ist vollständig sichtbar Der untere Teil von dem anderen ist

hidden from view by the head of the unwieldy bedstead which is
verborgen vom Blick durch das Kopfende von der sperrigen Bettstatt die ist

thrust close up against it. The former was found securely fastened
geschoben dicht gegen es Das erstere wurde gefunden fest geschlossen

from within. It resisted the utmost force of those who endeavored to
von innen Es widerstand der äußersten Kraft von jenen die bemühten sich zu

raise it. A large gimlet-hole had been pierced in its frame to the
anheben es Ein großes Handbohrer-Loch hatte gewesen gebohrt in seinen Rahmen an der

left, and a very stout nail was found fitted therein, nearly to
linken [Seite] und ein sehr starker Nagel wurde gefunden getrieben dort hinein. fast [bis] zu

the head.
dem Kopf

Upon examining the other window, a similar nail was seen
Beim Untersuchen des anderen Fensters ein ähnlicher Nagel wurde festgestellt

similarly fitted in it; and a vigorous attempt to raise this
gleichermaßen getrieben hinein [---] und ein kraftvoller Versuch zu anheben dieses

sash, failed also. The police were now entirely satisfied that
Schiebefenster schlug fehl. auch Die Polizei war[en] jetzt vollkommen beruhigt dass

egress had not been in these directions. And, therefore, it was
Flucht hatte nicht gewesen in diese Richtungen Und deswegen es wurde

thought a matter of supererogation to withdraw the nails and open the
gehalten für eine Art von Übertreibung zu herausziehen die Nägel und öffnen die

windows.
Fenster

My own examination was somewhat more particular, and was so for
Meine eigene Überprüfung war ein wenig genauer und war so aus

the reason I have just given—because here it was, I knew, that all
dem Grunde ich habe gerade gegeben weil hier es war ich wußte dass alle

34

apparent impossibilities must   be   proved to be not   such in
scheinbaren Unmöglichkeiten mussten werden bewiesen zu sein nicht derartig in

reality.
Wirklichkeit

I proceeded to think thus—a posteriori. The murderers did escape
Ich fuhr fort zu denken weiter im Nachinein Die Mörder taten entkommen

from one of these windows. This being so, they could not have
durch eines von diesen Fenstern Das seiend so [somit] sie konnten nicht haben

refastened the sashes from the inside, as they were found
zugemacht die Schiebefenster von innen weil sie wurden gefunden

fastened;— the consideration which put a stop, through its
geschlossen der Umstand der setzte ein Ende durch seine

obviousness, to the scrutiny of the police in this quarter. Yet the
Offensichtlichkeit für die Untersuchung von der Polizei in dieser Richtung Dennoch die

sashes were fastened. They must, then, have the power of
Schiebefenster wurden geschlossen Sie mussten dann haben die Möglichkeit zum

fastening themselves. There was no escape from this conclusion.
Verschliessen sich selbst Da war kein Entziehen von diesem Schlusse

I stepped to the unobstructed casement, withdrew the nail with some
Ich ging zu dem freiliegenden Flügelfenster zog heraus den Nagel mit einiger

difficulty and attempted to raise the sash. It resisted all my
Schwierigkeit und versuchte zu heben das Schiebefenster Es widerstand all meinen

efforts, as I had anticipated. A concealed spring must, I now
Anstrengungen wie ich hatte erwartet Eine versteckte Feder musste ich jetzt

know, exist; and this corroboration of my idea convinced me that
weiß existieren und diese Bestätigung von meiner Vermutung überzeugte mich dass

my premises at least, were correct, however mysterious still appeared
meine Annahmen schließlich waren richtig jedoch rätselhaft noch erschienen

the circumstances attending the nails. A careful search soon brought
die Sachverhalte bezüglich der Nägel Eine sorgfältige Suche bald brachte

to light the hidden spring. I pressed it, and, satisfied with the
ans Licht die verborgene Feder Ich drückte sie und befriedigt mit der

discovery, forbore to upraise the sash.
Entdeckung unterließ zu anheben das Schiebefenster

I now replaced the nail and regarded it attentively. A person
Ich jetzt wieder einsetzte den Nagel und betrachtete ihn aufmerksam Eine Person

passing out through this window might have reclosed it, and the
entfliehend durch dieses Fenster könnte haben geschlossen es und die

spring would have caught— but the nail could not have been
Feder würde haben zurückgesprungen aber der Nagel konnte nicht haben gewesen

35

replaced. The conclusion was plain, and again narrowed in the field
zurückgesteckt Die Schlussfolgerung war klar und wieder verengte [---] das Feld

of my investigations. The assassins must have escaped through the
von meinen Untersuchungen Die Mörder mussten haben entflohen durch das

other window. Supposing, then, the springs upon each sash to
andere Fenster Annehmend dann die Federn an jedem Schiebefenster zu

be the same, as was probable, there must be found a difference
sein die gleichen wie [es] war wahrscheinlich da musste werden gefunden ein Unterschied

between the nails, or at least between the modes of their fixture.
zwischen den Nägeln oder zumindest zwischen den Weisen von ihrer Befestigung

Getting upon the sacking of the bedstead, I looked over the
Stellend mich auf die Matratze von der Bettstatt ich schaute über das

head-board minutely at the second casement. Passing my hand down
Kopf-Ende peinlich genau auf das zweite Flügelfenster Führend meine Hand hinunter

behind the board, I readily discovered and pressed the spring, which
hinter das Kopfende ich gleich entdeckte und drückte die Feder die

was, as I had supposed, identical in character with its neighbor. I now
war wie ich hatte angenommen identisch in Beschaffenheit wie ihre benachbarte Ich jetzt

looked at the nail. It was as stout as the other, and apparently fitted in
schaute auf den Nagel Er war so stark wie der andere und scheinbar eingesetzt auf

the same manner—driven in nearly up to the head.
die gleiche Weise eingetrieben fast bis zu dem Kopf

You will say that I was puzzled; but, if you think so, you must have
Sie werden sagen dass ich war verwirrt aber wenn Sie denken so Sie müssen haben

misunderstood the nature of the inductions. To use a
mißverstanden das Wesen von den einführenden Beweisen [Um] zu verwenden eine

sporting phrase, I had not been once 'at fault.' The scent had
sportliche Redensart ich hatte nicht gewesen einmal auf falscher Fährte Die Witterung hatte

never for an instant been lost. There was no flaw in any link of
nie für einen Augenblick gewesen verloren Da war kein Makel in irgendeinem Glied von

the chain. I had traced the secret to its ultimate result,—and that
der Kette Ich hatte verfolgt das Geheimnis zu seinem letzten Punkt und dieser

result was the nail.
Punkt war der Nagel

It had, I say, in every respect, the appearance of its fellow in the
Er hatte ich sage in jeder Beziehung das Aussehen von seinem Gegenstück in dem

other window; but this fact was an absolute nullity (conclusive us it
anderen Fenster aber dieser Umstand war eine reine Nichtigkeit überzeugend uns es

might seem to be) when compared with the consideration that here, at
könnte möglich sein wenn verglichen mit der Erwägung dass hier an

this point, terminated the clew. 'There must be something wrong,' I
diesem Punkt endete die Spur Da muss sein etwas falsch ich

said, 'about the nail.' I touched it; and the head, with about a quarter
sagte mit dem Nagel Ich berührte ihn und der Kopf mit etwa einem Viertel

of an inch of the shank, came off in my fingers. The rest of the
von einem Zoll von dem Schaft fielen in meine Finger Der Rest von dem

shank was in the gimlet-hole where it had been broken off. The
Schaft blieb in dem Bohr-Loch wo er hatte gewesen abgebrochen Der

fracture was an old one (for its edges were incrusted with rust), and
Bruch war ein alter [---] da seine Ränder waren bedeckt mit Rost und

had apparently been accomplished by the blow of a hammer,
hatten offensichtlich gewesen hergerührt von dem Schlag von einem Hammer

which had partially imbedded, in the top of the bottom sash,
der hatte teilweise eingetrieben in den oberen Teil von dem unteren Fensterrahmen

the head portion of the nail. I now carefully replaced this head portion
das Kopf-Stück von dem Nagel Ich jetzt sorgfältig steckte zurück dieses Kopf-Teil

in the indentation whence I had taken it, and the resemblance to
in das Loch von wo ich hatte genommen ihn und die Ähnlichkeit mit

a perfect nail was complete—the fissure was invisible. Pressing the
einem ganzen Nagel war vollkommen der Bruch war unsichtbar Drückend auf die

spring, I gently raised the sash for a few inches; the head
Feder ich sachte hob an das Schiebefenster für ein paar Zoll der [Nagel-]Kopf

went up with it, remaining firm in its bed. I closed the window,
ging hoch mit ihm steckend fest in seiner Einbettung Ich schloss das Fenster

and the semblance of the whole nail was again perfect.
und der Anschein eines ganzen Nagels war wieder vollkommen

The riddle, so far, was now unriddled. The assassin had escaped
Das Rätsel soweit war jetzt gelöst Der Mörder hatte entflohen

through the window which looked upon the bed. Dropping
durch das Fenster welches schaute auf das Bett Zufallend

of its own accord upon his exit (or perhaps purposely closed), it had
von selbst nach seiner Flucht oder vielleicht absichtlich geschlossen es hatte

become fastened by the spring; and it was the retention of this
geworden geschlossen durch die Feder und es war das Einschnappen durch diese

spring which had been mistaken by the police for that of the
Feder was hatte gewesen falsch verstanden von der Polizei durch das mit dem

nail,—farther inquiry being thus considered unnecessary.
Nagel weitere Nachforschungen seiend somit gehalten [für] unnötig

The next question is that of the mode of descent. Upon this point
Die nächste Frage ist die zu der Weise vom Hinunterkommen Zu diesem Punkt

37

I had been satisfied in my walk with you around the building.
ich hatte gewesen zufrieden durch meinem Gang mit Ihnen um das Gebäude

About five feet and a half from the casement in question there runs
Etwa fünf Fuß und ein halber von dem Flügelfenster fraglichen da verläuft

a lightning-rod. From this rod it would have been impossible for
ein Blitz-Ableiter Von dieser Stange es würde haben gewesen unmöglich für

any one to reach the window itself, to say nothing of entering it.
jemand zu erreichen das Fenster selbst zu reden davon nicht vom Einsteigen darin

I observed, however, that the shutters of the fourth story were of the
Ich bemerkte jedoch dass die Fensterläden von dem vierten Stock waren von der

peculiar kind called by Parisian carpenters *ferrades*—a kind rarely
besonderen Art genannt von Pariser Schreinern *Ferrades* eine Sorte selten

employed at the present day, but frequently seen upon very old
verwendet heutzutage aber häufig gesehen an sehr alten

mansions at Lyons and Bourdeaux. They are in the form of an
Wohnhäusern in Lyons und Bordeaux Sie sind in der Form von einer

ordinary door, (a single, not a folding door) except that the lower
gewöhnlichen Tür eine einfache, nicht eine Flügel-Tür außer dass die untere

half is latticed or worked in open trellis—thus affording an
Hälfte ist vergittert oder gearbeitet in [einem] offenem Spalier somit gewährend einen

excellent hold for the hands. In the present instance these shutters
hervorragenden Halt für die Hände In dem betreffenden Fall diese Fensterläden

are fully three feet and a half broad. When we saw them from the
sind volle drei Fuß und einen halben breit Als wir sahen sie von der

rear of the house, they were both about half open—that is to say,
Hinterfront von dem Haus sie waren beide fast halb offen dass ist zu sagen

they stood off at right angles from the wall. It is probable that the
sie standen ab im rechten Winkel von der Wand Es ist wahrscheinlich dass die

police, as well as myself, examined the back of the tenement; but, if
Polizei sowie ich selbst untersuchte die Hinterseite von dem Wohnhaus aber wenn

so, in looking at these *ferrades* in the line of their breadth (as
ja, beim Schauen auf diese *Ferrades* in der Beschaffenheit von ihrer Breite wie

they must have done), they did not perceive this great breadth
sie muß haben getan sie tat nicht erkennen diese ungewöhnliche Breite

itself, or, at all events, failed to take it into due consideration.
an sich oder auf alle Fälle versäumte zu ziehen sie in angemessenen Betracht

In fact, having once satisfied themselves that no egress could have
Tatsächlich habend einmal überzeugt sich dass keine Flucht konnte haben

been made in this quarter, they would naturally bestow here a
gewesen duchgeführt an dieser Stelle sie würden natürlich durchführen hier eine

very cursory examination.
sehr oberflächliche Untersuchung

It was clear to me, however, that the shutter belonging to the window
Es war sicher für mich wie auch immer dass der Fensterladen gehörend zu dem Fenster

at the head of the bed, would, if swung fully back to the wall,
an dem Kopfende von dem Bett würde wenn geschlagen ganz zurück an die Wand

reach to within two feet of the lightning-rod. It was also evident
reichen bis kaum zwei Fuß von dem Blitz-Ableiter [entfernt] Es war somit offensichtlich

that, by exertion of a very unusual degree of activity and courage,
dass durch Ausübung von einem sehr ungewöhnlichen Grad an Beweglichkeit und Mut

an entrance into the window, from the rod, might have been thus
ein Eindringen in das Fenster von dem Blitzableiter könnte haben gewesen somit

effected.— By reaching to the distance of two feet and a half
vollbracht Durch Erreichen zu dem Abstand von zwei Fuß und einen halben

by reaching to the distance of ... = über eine Entfernung von ...

(we now suppose the shutter open to its whole extent) a robber
wir jetzt nehmen an [dass] der Fensterladen offen in seiner ganzen Ausdehnung ein Räuber

might have taken a firm grasp upon the trellis-work. Letting go,
könnte haben gefasst mit einem festen Griff in das Fensterladen-Gitter Loslassend

then, his hold upon the rod, placing his feet securely against the wall,
dann seinen Halt an dem Ableiter stemmend seine Füße fest gegen die Wand

and springing boldly from it, he might have swung the shutter so as
und abspringend kühn davon er könnte haben geschwungen den Laden um

to close it, and, if we imagine the window open at the time, might
zu schließen ihn und wenn wir vorstellen uns das Fenster geöffnet zufällig könnte

even have swung himself into the room.
sogar haben geschwungen sich in das Zimmer

I wish you to bear especially in mind that I have spoken of a very
Ich möchte Sie daran besonders erinnern dass ich habe gesprochen von einem sehr

unusual degree of activity as requisite to success in so hazardous
ungewöhnlichen Grad an Beweglichkeit als Voraussetzung um durchzuführen so gewagtes

and so difficult a feat. It is my design to show you, first, that the
und so schwieriges [---] Kunststück Es ist meine Absicht zu zeigen Ihnen zuerst dass die

thing might possibly have been accomplished:—but, secondly and
Sache könnte möglicherweise haben gewesen durchgeführt aber zweitens und

chiefly, I wish to impress upon your understanding the very
hauptsächlich ich möchte verstärken Ihr Wissen [um] die höchst

extraordinary—the almost preternatural character of that agility
außerordentliche die fast übernatürliche Art von dieser Beweglichkeit

which could have accomplished it.
die könnte haben zustandegebracht es

You will say, no doubt, using the language of the law, that 'to
Sie werden sagen ohne Zweifel verwendend die Sprache von dem Gesetz dass zu

make out my case,' I should rather undervalue, than insist upon a
beweisen meinen Fall ich sollte eher unterbewerten als bestehen auf einer

full estimation of the activity required in this matter. This may
ausführlichen Einschätzung von der Beweglichkeit erforderlich in dieser Sache Dies könnte

be the practice in law, but it is not the usage of reason.
sein der Brauch juristischer aber es ist nicht das Benutzen von gesundem Menschenverstand

My ultimate object is only the truth. My immediate purpose is to
Mein letztendliches Ziel ist nur die Wahrheit Meine sofortige Absicht ist zu

lead you to place in juxtaposition, that very unusual activity of
bewegen Sie zu bringen in Vergleich diese sehr ungewöhnliche Beweglichkeit von

which I have just spoken with that very peculiar shrill (or harsh) and
der ich habe gerade gesprochen mit dieser sehr seltsam schrillen oder heiseren und

unequal voice, about whose nationality no two persons could be
abgehackten Stimme über deren Nationalität keine zwei Personen konnten werden

found to agree, and in whose utterance no syllabification could
gefunden zu einig sein und in deren Laut[en] keine Worte konnten

be detected."
werden entdeckt

At these words a vague and half-formed conception of the meaning of
Bei diesen Worten eine vage und halb ausgeformte Vorstellung von der Absicht von

Dupin flitted over my mind. I seemed to be upon the verge of
Dupin ging durch meinen Kopf Ich schien zu sein am Rande von

comprehension without power to comprehend— men, at times, find
Verständnis ohne Kraft zu verstehen man manchmal befindet

themselves upon the brink of remembrance without being able,
sich an dem Rande von Erinnerung ohne seiend fähig

in the end, to remember.
am Ende zu erinnern sich [genau]

My friend went on with his discourse.
Mein Freund fuhr fort mit seiner Rede

"You will see," he said, "that I have shifted the question from the
Sie werden sehen er sagte dass ich habe verschoben die Frage von der

mode of egress to that of ingress. It was my design to convey the
Art von Flucht zu der vom Eindringen Es war meine Absicht zu entwickeln den

idea that both were effected in the same manner, at the same point.
Gedanken dass beide waren erfolgt auf die gleiche Weise an der gleichen Stelle

Let us now revert to the interior of the room. Let us
Lassen [Sie] uns jetzt zurückkehren zu dem Inneren von dem Zimmer Lassen [Sie] uns

survey the appearances here. The drawers of the bureau, it is said,
betrachten den äußeren Schein hier Die Schubladen von dem Schreibpult man sagt

had been rifled, although many articles of apparel still remained
hatten gewesen geplündert obwohl viele Dinge von Wert noch verblieben

within them. The conclusion here is absurd. It is a mere guess—a
in ihnen Die Schlussfolgerung hier ist absurd Es ist eine reine Vermutung eine

very silly one—and no more. How are we to know that the articles
sehr dumme [---] und nicht mehr Wie sind [können] wir [---] wissen dass die Dinge

found in the drawers were not all these drawers had originally
gefunden in den Schubladen waren nicht alles [was] diese Schubladen hatten ursprünglich

contained? Madame L'Espanaye and her daughter lived an
enthalten Madame L'Espanaye und ihre Tochter lebten ein

exceedingly retired life— saw no company—seldom went
ausgesprochen zurückgezogenes Leben sahen [hatten] keine Gäste selten gingen

out—had little use for numerous changes of habiliment.
aus hatten wenig Anlass für großes Wechseln von Kleidern und Schmuck [Herausputzen]

Those found were at least of as good quality as any likely to be
Das Gefundene war zumindest von so gediegener Qualität wie angemessen zu sein

possessed by these ladies. If a thief had taken any, why did he not
im Besitz von diesen Damen Wenn ein Dieb hätte gestohlen davon warum tat er nicht

take the best—why did he not take all? In a word, why did he
nehmen das Beste warum tat er nicht nehmen alles In einem Wort warum tat er

abandon four thousand francs in gold to encumber himself with a
verschmähen vier-tausend Franken in Gold zu belasten sich mit einem

bundle of linen? The gold was abandoned. Nearly the whole sum
Bündel von Leinen [Kleidern] Das Gold wurde verschmäht Fast die gesamte Summe

mentioned by Monsieur Mignaud, the banker, was discovered, in
erwähnt von Monsieur Mignaud dem Bankier wurde gefunden in

bags, upon the floor.
Beuteln auf dem Fußboden

I wish you, therefore, to discard from your thoughts the blundering
Ich bitte Sie deshalb zu verwerfen aus Ihren Gedanken die grob irrtümliche

idea of motive, engendered in the brains of the police by that
Annahme von Motiven hervorgerufen in den Gehirnen von der Polizei durch den

portion of the evidence which speaks of money delivered at the door
Teil von den Zeugenaussagen die sprachen von Geld abgeliefert an der Tür

of the house. Coincidences ten times as remarkable as this (the
von dem Haus Zufälle zehnmal [---] bemerkenswerter als dieser das

delivery of the money, and murder committed within three days upon
Abliefern von dem Geld und [ein] Mord ausgeführt innerhalb von drei Tagen nachdem

the party receiving it), happen to all of us every hour of our lives,
die Leute empfangend es geschieht allen von uns jede Stunde von unseren Leben

without attracting even momentary notice. Coincidences, in general,
ohne erregend auch nur kurze Aufmerksamkeit Zufälle im Allgemeinen

are great stumbling-blocks in the way of that class of thinkers who
sind große Stolper-Steine auf dem Wege bei dieser Klasse von Denkern die

have been educated to know nothing of the theory of probabilities—
haben gewesen geschult zu wissen nichts von der Theorie von Wahrscheinlichkeit

that theory to which the most glorious objects of human research
dieser Theorie [---] der die ruhmreichsten Errungenschaften von menschlicher Forschung

are indebted for the most glorious of illustration.
werden verdankt für die prächtigsten [---] Erläuterungen

In the present instance, had the gold been gone, the fact of its
In dem vorliegenden Falle hätte das Gold gewesen verschwunden die Tatsache von seiner

delivery three days before would have formed something more than a
Ablieferung drei Tage zuvor würde haben gebildet ein wenig mehr als einen

coincidence. It would have been corroborative of this idea of
[bloßen] Zufall Es würde haben gewesen bestätigend für diese Art von

motive. But, under the real circumstances of the case, if we are to
Tatmotiv Aber bei den wirklichen Umständen von dem Fall wenn wir sollten

suppose gold the motive of this outrage, we must also imagine the
annehmen Gold [als] das Motiv von dieser Gewalttat wir müssen auch denken uns den

perpetrator so vacillating an idiot as to have abandoned his gold and
Täter als so wankelmütigen Idioten um zu haben verschmäht sein Gold und

his motive together.
sein Motiv zugleich

Keeping now steadily in mind the points to which I have drawn your
Behaltend jetzt fest im Gedächtnis die Punkte auf die ich habe gelenkt Ihre

attention— that peculiar voice, that unusual agility, and that
Aufmerksamkeit die sonderbare Stimme die ungewöhnliche Beweglichkeit und das

startling absence of motive in a murder so singularly atrocious as
überraschende Fehlen von Motiven bei einem Mord so einzigartig grässlich wie

this— let us glance at the butchery itself.
diesem lassen [Sie] uns blicken auf die Metzelei an sich

Here is a woman strangled to death by manual strength, and
Hier wird eine Frau erdrosselt zu Tode mit Hand-Kraft [den Händen] und

thrust up a chimney, head downward. Ordinary assassins employ
gepresst hinauf einen Kamin Kopf nach unten Gewöhnliche Mörder wenden an

no   such modes of murder as this. Least of all, do they thus dispose of
keine solche Art[en] von   Mord   wie diese Am Allerwenigsten tun sie derartig beseitigen

the murdered. In the manner of thrusting the corpse up the chimney,
die Ermordeten Bei der   Art   von Hineinzwängen die Leiche hoch den   Kamin

you will admit that there was something excessively exceptional—
Sie werden zugeben dass   da   war   etwas   ausgesprochen Ausgefallenes

something altogether irreconcilable with our common notions of
etwas   insgesamt Unversöhnliches   mit unseren üblichen   Begriffen von

human   action, even when we suppose   the actors   the
menschlichem Tun selbst wenn wir annehmen [dass] die Täter [sind] die

most depraved of men. Think,   too, how great must have been
verkommensten aller Menschen Bedenken [Sie] auch wie groß muss haben gewesen

that strength which could have thrust the body up such an aperture
die   Stärke   die   konnte haben gestoßen den Körper hoch solch eine Öffnung

so   forcibly that the united   vigor of several persons was found
derart gewaltsam dass die vereinte Anstrengung von mehreren Personen wurde erklärt

barely sufficient to drag it down!
kaum   ausreichend zu ziehen ihn herab

Turn,   now, to other indications of the employment of a vigor
Wenden [wir uns] jetzt zu anderen Anzeichen   für den   Einsatz   von einer Kraft

most marvellous. On the hearth were thick tresses—very thick
erstaunlichster   Auf dem Kamin waren dicke Strähnen   sehr dicke

tresses—of grey human hair. These had   been   torn out by
Strähnen   aus grauem Menschen-Haar Diese hatten gewesen gerissen heraus mit

the roots. You are   aware of the great force necessary in   tearing
den Wurzeln Sie sind [sich] bewusst von der großen Kraft notwendig für [das] Herausreißen

thus from the head even twenty or thirty hairs together. You saw the
somit aus dem Kopfe nur zwanzig oder dreißig Haare zusammen   Sie sahen die

locks in question as well as myself. Their roots (a hideous sight!)
Haare   fraglichen   ebensogut wie ich   Ihre Wurzeln ein abscheulicher Anblick

were clotted with fragments of the flesh of the scalp—sure   token of
waren verklumpt mit Stückchen von dem Fleisch von der Kopfhaut sicheres Zeichen für

the prodigious power which had been exerted in uprooting perhaps
die   ungeheure   Kraft   die   hatte gewesen ausgeübt beim Ausreißen   vielleicht

half a million of hairs at a time.
einer halben Million von Haaren auf einmal

The throat of the old lady was not merely cut,   but   the head
Der   Hals von der alten Dame war nicht bloß durchschnitten sondern der Kopf

absolutely severed from the body: the instrument was a mere razor.
vollständig getrennt von dem Rumpf das   Werkzeug   war ein bloßes Rasiermesser

I wish you also to look at the brutal ferocity of these deeds. Of the
Ich bitte Sie auch zu schauen auf die brutale Grausamkeit von diesen Taten Von den

bruises upon the body of Madame L'Espanaye I do not speak.
Quetschungen an der Leiche von Madame L'Espanaye ich tue nicht sprechen

Monsieur Dumas, and his worthy coadjutor Monsieur Etienne, have
Monsieur Dumas und sein ehrbarer Gehilfe Monsieur Etienne haben

pronounced that they were inflicted by some obtuse instrument; and
ausgesagt dass sie wurden zugefügt durch einen stumpfen Gegenstand und

so far these gentlemen are very correct. The obtuse instrument was
insoweit diese Herren sind sehr im Recht Der stumpfe Gegenstand war

clearly the stone pavement in the yard, upon which the victim had
einwandfrei das Stein-Pflaster in dem Hof auf den das Opfer hatte

fallen from the window which looked in upon the bed. This idea,
gefallen aus dem Fenster das blickte [lag] über das Bett Diese Annahme

however simple it may now seem, escaped the police for the same
wie auch immer einfach sie könnte jetzt erscheinen entging der Polizei aus dem gleichen

reason that the breadth of the shutters escaped them—because, by the
Grunde wie die Breite von den Fensterläden entging ihnen weil durch die

affair of the nails, their perceptions had been hermetically sealed
Sache mit den Nägeln ihre Wahrnehmungen hatten gewesen hermetisch versiegelt

against the possibility of the windows having ever been opened at all.
gegen die Möglichkeit von den Fenstern habend jemals gewesen geöffnet vielleicht

If now, in addition to all these things, you have properly
Wenn jetzt zusammen mit all diesen Dingen Sie haben genau

reflected upon the odd disorder of the chamber, we have gone so
bedacht die merkwürdige Unordnung von dem Zimmer wir haben gegangen so

far as to combine the ideas of an agility astounding, a strength
weit zu kombinieren die Annahmen von einer Beweglichkeit verblüffenden einer Kraft

superhuman, a ferocity brutal, a butchery without motive, a
übermenschlichen einer Grausamkeit brutalen einer Metzelei ohne Motiv einer

grotesquerie in horror absolutely alien from humanity, and a voice
Scheußlichkeit an Entsetzen vollkommen fremd von[jeglicher] Menschlichkeit und einer Stimme

foreign in tone to the ears of men of many nations, and devoid of
fremd im Klang für die Ohren von Menschen von vielen Nationen und bar von

all distinct or intelligible syllabification. What result, then, has
allen deutlichen oder verständlichen Worten [aus Silben] Welches Ergebnis dann hat

ensued? What impression have I made upon your fancy?"
sich ergeben Welchen Eindruck habe ich gemacht für Ihre Schlussfolgerungen

I felt a creeping of the flesh as Dupin asked me the question. "A
Ich fühlte ein Krabbeln von dem Fleisch als Dupin fragte mich die Frage Ein

a creeping of the flesh = eine Gänsehaut

44

madman," I said, "has done this deed—some raving maniac, escaped
Wahnsinniger ich sagte hat verübt diese Tat ein tobender Irrer entflohen

from a neighboring madhouse
aus einer benachbarten Irrenanstalt

"In some respects," he replied, "your idea is not irrelevant. But the
In gewisser Beziehung er erwiderte Ihr Gedanke ist nicht unerheblich Aber die

voices of madmen, even in their wildest paroxysms, are never found
Stimmen von Wahnsinnigen selbst in ihren wildesten Anfällen werden nie vernommen

to tally with that peculiar voice heard upon the stairs. Madmen are of
zu gleichen mit jener sonderbaren Stimme gehört von der Treppe Wahnsinnige haben

some nation, and their language, however incoherent in its
eine Nationalität und ihre Sprache wie auch immer unzusammenhängend in ihren

words, has always the coherence of syllabification. Besides, the hair of
Sinn hat stets den Zusammenhang von Worten [aus Silben] Außerdem das Haar von

a madman is not such as I now hold in my hand. I
einem Wahnsinnigen ist nicht derartig wie ich [es] jetzt halte in meiner Hand Ich

disentangled this little tuft from the rigidly clutched fingers of
löste dieses kleine Büschel aus den zusammengekrampften Fingern von

Madame L'Espanaye. Tell me what you can make of it."
Madame L'Espanaye Sagen [Sie] mir was Sie können halten davon

"Dupin!" I said, completely unnerved; "this hair is most unusual—
Dupin ich sagte ganz entnervt dieses Haar ist völlig ungewöhnlich

this is no human hair."
das ist kein Menschen-Haar

"I have not asserted that it is," said he; "but, before we decide this
Ich habe nicht behauptet dass es ist erwiderte er aber ehe wir entscheiden diesen

point, I wish you to glance at the little sketch I have here traced upon
Punkt ich bitte Sie zu blicken auf die kleine Skizze ich habe hier gezeichnet auf

this paper. It is a fac-simile drawing of what has been described
dieses Papier Es ist eine getreue Nachbildung aufzeichnend was hat gewesen beschrieben

in one portion of the testimony as 'dark bruises, and deep
in einem Teil von den Zeugenaussagen als dunkle Quetschungen und tiefe

indentations of finger nails,' upon the throat of Mademoiselle
Eindrücke von Finger-Nägeln auf dem Halse von Mademoiselle

L'Espanaye, and in another, (by Messrs. Dumas and Etienne,) as a
L'Espanaye und in einem anderen durch die Herren Dumas und Etienne als eine

'series of livid spots, evidently the impression of fingers.'
Reihe von bläulichen Flecken offenbar der Eindruck von Fingern

"You will perceive," continued my friend, spreading out the paper
Sie werden bemerken fuhr fort mein Freund ausbreitend das Papier

upon the table before us, "that this drawing gives the idea of a
auf dem Tisch vor uns dass diese Zeichnung führt zu dem Schluss von einem

firm and fixed hold. There is no slipping apparent. Each finger has
festen und starren Griff Da ist kein Abgleiten ersichtlich Jeder Finger hat

retained— possibly until the death of the victim—the fearful grasp
beibehalten möglicherweise bis zu dem Tode von dem Opfer den entsetzlichen Griff

by which it originally imbedded itself. Attempt, now, to place all
mit dem er ursprünglich eindrückte sich Versuchen [Sie] jetzt zu legen all

your fingers, at the same time, in the respective impressions as you
Ihre Finger zu der gleichen Zeit auf die entsprechenden Eindrücke wie Sie

see them."
sehen sie

I made the attempt in vain.
Ich machte den [einen] Versuch vergeblichen

"We are possibly not giving this matter a fair trial," he said. "The
Wir sind möglicherweise nicht versuchend die Sache richtig er sagte Das

paper is spread out upon a plane surface; but the human throat is
Papier ist ausgebreitet auf einer ebenen Oberfläche aber der menschliche Hals ist

cylindrical. Here is a billet of wood, the circumference of which is
zylinderförmig Hier ist ein Holzscheit der Umfang dessen ist

about that of the throat. Wrap the drawing around it, and try
ungefähr der von dem Halse Wickeln [Sie] die Zeichnung um ihn und versuchen [Sie]

the experiment again."
das Experiment erneut

I did so; but the difficulty was even more obvious than before. "This,"
Ich tat es aber die Schwierigkeit war noch offensichtlicher als zuvor Dies

I said, "is the mark of no human hand."
ich sagte ist der Abdruck von keiner Menschen-Hand

"Read now," replied Dupin, "this passage from Cuvier."
Lesen [Sie] jetzt erwiderte Dupin diese Stelle von Cuvier

It was a minute anatomical and generally descriptive account of the
Es war ein Protokoll anatomisches und allgemein beschreibender Bericht von dem

large fulvous Ourang-Outang of the East Indian Islands. The
großen rotbraunen Orang-Utan von den ost-indischen Inseln Die

gigantic stature, the prodigious strength and activity, the wild
riesige Gestalt die wunderbare Kraft und Behändigkeit die ungebändigte

ferocity, and the imitative propensities of these mammalia are
Wildheit und die nachahmenden Neigungen von diesem Säugetier sind

46

sufficiently well known to all. I understood the full horrors of the
ausreichend   bekannt   für alle Ich   verstand   die vollen Schauder von dem

murder at once.
Mord   sofort

"The description of the digits," said I,   as   I made an end of
Die   Beschreibung von den Fingern   sagte ich nachdem ich machte ein Ende mit

reading, "is in exact accordance with this drawing. I see that no
Lesen   ist in genauer Übereinstimmung mit dieser Zeichnung Ich sehe dass kein

animal but an Ourang-Outang, of the species here mentioned, could
Tier   außer einem   Orang-Utan   von der Gattung   hier   genannt   könnte

have impressed the indentations as you have traced them. This tuft
haben hinterlassen die Fingerabdrücke wie Sie haben gezeichnet sie   Das Büschel

of tawny hair, too, is identical in   character with that of the beast
von lohfarbenem Haar auch ist identisch in [der] Beschaffenheit mit dem von dem Tier

of Cuvier. But I cannot possibly comprehend the particulars of this
von Cuvier. Aber ich   kann unmöglich   verstehen   die   Einzelheiten von diesem

frightful mystery. Besides, there were two voices heard in contention,
entsetzlichen Rätsel   Auch   da   waren zwei Stimmen gehört im   Streit

and one of them was unquestionably the voice of a Frenchman."
und eine von ihnen   war   unbestreitbar   die Stimme von einem Franzosen

"True; and you will   remember an   expression attributed almost
Richtig   und   Sie werden erinnern sich eines   Ausdruckes zugeschrieben   fast

unanimously, by the evidence, to this voice,—the expression,
einstimmig   durch die   Zeugen   zu dieser Stimme des   Ausdruckes

'mon Dieu!' This, under the circumstances, has been   justly
Mon   Dieu   Das   unter diesen   Umständen   hat gewesen richtig

characterized by one of the witnesses (Montani, the confectioner,) as
geschildert durch einen von den   Zeugen   Montani   der   Konditor   als

an expression of remonstrance or expostulation. Upon these two
einen Ausdruck von   Einwendung   oder   Verweis   Auf diesen zwei

words, therefore, I have mainly   built my hopes of a full solution
Worten   deshalb   ich habe hauptsächlich gebaut meine Hoffnungen für eine volle Lösung

of the riddle.
von dem Rätsel

A Frenchman was cognizant   of the murder. It is possible—indeed it
Ein Franzose   war Kenntnis habend von dem Mord   Es ist   möglich   tatsächlich es

is far more than probable—that he was innocent of all   participation
ist weit mehr   als wahrscheinlich dass er war unschuldig an jeglicher Teilnahme

in the bloody transactions which took place. The Ourang-Outang may
an den blutigen Verrichtungen   die   stattfanden Der   Orang-Utan   könnte

have escaped from him. He may have traced it to the chamber; but,
haben entflohen ihm Er könnte haben verfolgt ihn zu dem Zimmer aber

under the agitating circumstances which ensued, he could never have
unter den erörterten Umständen die folgten er konnte nie haben

re-captured it. It is still at large. I will not pursue these
wieder-eingefangen ihn Er ist immer noch auf freiem Fuße Ich werde nicht fortsetzen diese

guesses— for I have no right to call them more—since the shades
Vermutungen denn ich habe kein Recht zu bezeichnen sie [als] mehr weil die Spuren

of reflection upon which they are based are scarcely of sufficient
von Überlegung auf denen sie sind gegründet sind kaum von ausreichender

depth to be appreciable by my own intellect, and since I could not
Tiefe zu sein anerkannt von meinem eigenen Verstand und weil ich könnte nicht

pretend to make them intelligible to the understanding of another.
beanspruchen zu machen sie verständlich für den Verstand von anderen

We will call them guesses then, and speak of them as such.
Wir werden nennen sie Vermutungen somit und sprechen von ihnen als solche

If the Frenchman in question is indeed, as I suppose, innocent of
Wenn der Franzose fragliche ist tatsächlich wie ich annehme unschuldig an

this atrocity, this advertisement which I left last night, upon our
dieser Gräueltat die Anzeige die ich aufgab letzte Nacht bei unserer

return home, at the office of 'Le Monde,' (a paper devoted to the
Rückkehr nach Hause in der Redaktion von Le Monde eine Zeitung gerichtet an die

shipping interest, and much sought by sailors,) will bring him to our
Schifffahrt-Interessen und sehr beliebt bei Matrosen wird führen ihn zu unserem

residence."
Wohnsitz

He handed me a paper, and I read thus: CAUGHT—In the *Bois de*
Er gab mir eine Zeitung und ich las Folgendes Eingefangen In dem Bois de

Boulogne, early in the morning of the — , (the morning of the
Boulogne früh an dem Morgen am dem Morgen von dem

murder,) a very large, tawny Ourang-Outang of the Bornese species.
Mord ein sehr großer lohfarbener Orang-Utan von der Borneo Gattung

The owner, (who is ascertained to be a sailor, belonging to a
Der Besitzer der wurde ermittelt zu sein ein Matrose gehörend auf ein

Maltese vessel,) may have the animal again, upon identifying it
maltesisches Schiff kann haben das Tier wieder nach Identifizieren es

satisfactorily, and paying a few charges arising from its capture and
zufriedenstellend und Zahlen eines kleinen Betrages entstehend durch sein Einfangen und

keeping. Call at No. ——, Rue ——, Faubourg St. Germain—au
Verpflegung Kommen [Sie] zu Nummer Rue Faubourg St. Germain im

48

troisième.
dritten [Stock]

"How was it possible," I asked, "that you should know the man to be
Wie war es möglich ich fragte dass Sie sollten wissen der Mann zu sein

a sailor, and belonging to a Maltese vessel?"
ein Matrose und gehörend auf ein maltesisches Schiff

"I do not know it," said Dupin. "I am not sure of it. Here, however,
Ich tue nicht wissen das sagte Dupin Ich bin nicht sicher dabei Hier jedoch

is a small piece of ribbon, which from its form, and from its greasy
ist ein kleines Stück von Band das nach seiner Form und nach seinem fettigen

appearance, has evidently been used in tying the hair in one of those
Aussehen hat offenbar gewesen benutzt zum Binden der Haare zu einem von jenen

long queues of which sailors are so fond. Moreover, this knot is one
langen Zöpfen [---] die Matrosen so gerne mögen Überdies dieser Knoten ist einer

which few besides sailors can tie, and is peculiar to the
den wenige außer Matrosen können machen und ist eine Eigentümlichkeit für die

Maltese. I picked the ribbon up at the foot of the lightning-rod. It
Malteser Ich sammelte das Band auf an dem Fuß von dem Blitz-Ableiter Es

could not have belonged to either of the deceased.
konnte nicht haben gehört zu einer [der beiden] von den Verstorbenen

Now if, after all, I am wrong in my induction from this ribbon, that
Jetzt wenn schließlich ich bin [liege] falsch mit meiner Ausführung zu diesem Band dass

the Frenchman was a sailor belonging to a Maltese vessel, still I can
der Franzose war ein Matrose gehörend auf ein maltesisches Schiff jedoch ich kann

have done no harm in saying what I did in the advertisement. If
haben verursacht keinen Schaden beim Sagen was ich tat in der Anzeige Wenn

I am in error, he will merely suppose that I have been misled by
ich bin im Irrtum er wird nur annehmen dass ich habe gewesen irregeführt durch

some circumstance into which he will not take the trouble to
irgendeinen Umstand in den er wird nicht machen [sich] die Mühe zu

inquire. But if I am right, a great point is gained. Cognizant
untersuchen Aber wenn ich bin [liege] richtig ein großer Punkt ist gewonnen Kenntnis habend

although innocent of the murder, the Frenchman will naturally
obwohl unschuldig an dem Mord der Franzose wird natürlich

hesitate about replying to the advertisement—about demanding the
zögern beim Antworten auf die Anzeige beim Fragen nach dem

Ourang-Outang.
Orang-Utan

He will reason thus:— 'I am innocent; I am poor; my
Er wird überlegen folgendermaßen Ich bin unschuldig ich bin arm mein

49

Ourang-Outang is of great value — to one in my
Orang-Utan ist von großem Wert für einen [wie mich] in meinen

circumstances a fortune of itself—why should I lose it through
Verhältnissen ein kleines Vermögen an sich warum sollte ich verlieren es durch

idle apprehensions of danger? Here it is, within my grasp. It was
nichtige Befürchtungen Da er ist in meiner Reichweite Er wurde

found in the Bois de Boulogne—at a vast distance from the
gefunden in dem Bois de Boulogne in einer weiten Entfernung von dem

scene of that butchery. How can it ever be suspected that a brute
Schauplatz von dieser Metzelei Wie kann es jemals werden vermutet dass ein dummes

beast should have done the deed? The police are at fault—they
Tier sollte haben getan die Tat Die Polizei sind [ist] im Irrtum sie

have failed to procure the slightest clew. Should they even trace
haben [hat] versäumt zu finden die geringste Spur Sollte sie doch nachspüren

the animal, it would be impossible to prove me cognizant of the
dem Tier es würde sein unmöglich zu beweisen mir Kenntnis zu haben von dem

murder, or to implicate me in guilt on account of that cognizance.
Mord oder zu verwickeln mich in Schuld wegen dieses Mitwissens

Above all, I am known. The advertiser designates me as the
Vor allem jedoch ich bin bekannt Der Anzeigeninserent bezeichnet mich als den

possessor of the beast. I am not sure to what limit his knowledge may
Besitzer von dem Tier Ich bin nicht sicher zu welcher Grenze seine Kenntnis könnte

extend. Should I avoid claiming a property of so great value,
sich erstrecken Sollte ich vermeiden Beanspruchen einen Besitz von so großem Wert

which it is known that I possess, I will render the animal at least,
von [dem] es ist bekannt dass ich [ihn] besitze ich werde aussetzen das Tier zumindest

liable to suspicion. It is not my policy to attract attention either
der Gefahr von Verdacht Es ist nicht meine Absicht zu erregen Aufmerksamkeit entweder

to myself or to the beast. I will answer the advertisement, get the
auf mich oder auf das Tier Ich werde antworten die Anzeige hole den

Ourang-Outang, and keep it close until this matter has
Orang-Utan und halte ihn eingesperrt bis diese Sache hat

blown over.'"
vorübergezogen

At this moment we heard a step upon the stairs.
In diesem Augenblick wir hörten Schritte auf der Treppe

"Be ready," said Dupin, "with your pistols, but neither use
Seien [Sie] bereit sagte Dupin mit Ihren Pistolen aber weder gebrauchen

them nor show them until at a signal from myself."
sie noch zeigen sie bis zu einem Zeichen von mir

50

The front door of the house had been   left   open, and the visiter had
Die   Eingangs-Tür von dem Haus hatte gewesen gelassen offen   und   der Besucher hatte

entered, without ringing, and advanced several steps upon the
eingetreten ohne   Klingeln und vorangeschritten mehrere Schritte hoch die

staircase. Now, however, he seemed to hesitate. Presently we heard
Treppe   Jetzt   jedoch   er   schien zu zögern   Alsbald wir hörten

him descending. Dupin was moving quickly to the door, when we
ihn   hinabgehen   Dupin war gehend   schnell zu der Tür   als   wir

again   heard him coming up. He did not turn back a second time,
schon wieder hörten ihn   heraufkommen Er tat nicht umkehren ein zweitesmal

but   stepped up with decision, and rapped at the door of our
sondern   trat   auf mit Entschlossenheit und klopfte an die Tür von unserer

chamber.
Wohnung

"Come in," said Dupin, in a   cheerful and hearty tone.
Herein   sagte Dupin in einem fröhlichen und herzlichen Ton

A man entered. He was a sailor, evidently,—a tall, stout, and
Ein Mann trat ein   Er   war ein Matrose   offenbar   ein großer kräftiger und

muscular-looking person, with a   certain dare-devil expression of
muskulös aussehende Person   mit einer gewissen Draufgänger- Miene   als

countenance, not altogether unprepossessing. His face,   greatly
Gesichtsausdruck nicht insgesamt   reizlos   Sein Gesicht stark

sunburnt,   was more than half hidden by whisker and mustachio. He
sonnenverbrannt war mehr   als halb verdeckt von Backen- und Schnurrbart Er

had with him a huge oaken cudgel, but appeared to be otherwise
hatte bei sich einen großen eichernen Stock aber schien zu sein sonst

unarmed. He bowed awkwardly, and bade us   "good evening," in
unbewaffnet Er verbeugte sich unbeholfen und entbot uns [ein] guten Abend mit

French   accents, which, although somewhat Neufchatelish, were still
französischem Akzent   der   obwohl   irgendwie aus   Neufchâtel   war noch

sufficiently indicative of a Parisian   origin.
genug   anzeigend die Pariser   Abstammung

"Sit down, my friend," said Dupin. "I suppose you have called about
Setzen [Sie] sich mein Freund sagte Dupin Ich nehme an   Sie haben gekommen wegen

the Ourang-Outang. Upon my word, I almost envy you the possession
dem   Orang-Utan   Auf mein Wort ich fast neide Ihnen den Besitz

of him; a remarkably fine, and no doubt a very valuable animal. How
von ihm ein außerordentlich schönes und kein Zweifel ein sehr wertvolles Tier   Wie

old do you suppose him to be?"
alt tun Sie schätzen ihn zu sein

The sailor drew a long breath, with the air of a man
Der Matrose holte einen langen [tief] Atem mit der Miene von einem Mann

relieved of some intolerable burden, and then replied, in an assured
erleichtert von einer unerträglichen Last und dann erwiderte in einem ruhigen

tone: "I have no way of telling—but he can't be more than four or
Ton Ich kann nicht sagen aber er kann nicht sein mehr als vier oder

five years old. Have you got him here?"
fünf Jahre alt Haben Sie [---] ihn hier

"Oh no, we had no conveniences for keeping him here. He is
Oh nein wir hatten keine angemessenen Möglichkeiten zum Unterbringen ihn hier Er ist

at a livery stable in the Rue Dubourg, just by. You can get
in einem amtlichen Stall in der Rue Dubourg ganz in der Nähe Sie können bekommen

him in the morning. Of course you are prepared to identify the
ihn an dem Morgen Natürlich Sie sind bereit zu sich ausweisen [als] der

property?"
Besitz[er]

"To be sure I am, sir."
Gewiß ich bin Herr

"I shall be sorry to part with him," said Dupin.
Ich werde sein traurig zu trennen [mich] von ihm sagte Dupin

"I don't mean that you should be at all this trouble for nothing, sir,"
Ich tue nicht wollen dass Sie sollten sein für all diese Mühe unbelohnt Herr

said the man. "Couldn't expect it. Am very willing to pay a reward
sagte der Mann Konnte nicht verlangen das Bin sehr bereit zu zahlen eine Belohnung

for the finding of the animal—that is to say, any thing in reason."
für das Finden von dem Tier um zu sagen angemessen

"Well," replied my friend, "that is all very fair, to be sure. Let me
Nun erwiderte mein Freund dass ist alles sehr schön gewiß Lassen [Sie] mich

think!— what should I have? Oh! I will tell you. My reward shall
nachdenken was sollte ich beanspruchen Oh Ich werde sagen Ihnen Meine Belohnung soll

be this. You shall give me all the information in your power about
sein dies Sie sollen geben mir all die Informationen in Ihrer Macht über

these murders in the Rue Morgue."
diese Morde in der Rue Morgue

Dupin said the last words in a very low tone, and very quietly.
Dupin sagte die letzten Worte in einem sehr leisen Ton und sehr ruhigen

Just as quietly, too, he walked toward the door, locked it and put the
Ebenso ruhig auch er ging zu der Tür verschloss sie und steckte den

key   in his pocket. He then drew a pistol from his   bosom   and
Schlüssel in seine Tasche Er   dann   zog eine Pistole aus seiner Brust [-Tasche] und

placed it, without the least   flurry, upon the table.
legte   sie   ohne   die geringste Erregung auf   den Tisch

The sailor's face flushed up as if he were struggling with suffocation.
Des Matrosen Gesicht rötete sich   als ob er wäre   ringend   mit   Erstickung

He started to his feet and grasped his cudgel, but the next moment he
Er   sprang auf seine Füße und   ergriff   seinen Stock   aber den nächsten Augenblick er

fell back into his seat, trembling violently, and with the countenance
fiel zurück in seinen Stuhl   zitternd   heftig   und   mit dem   Aussehen

of death itself. He spoke not a word. I   pitied   him
vom Tode selbst Er sprach nicht ein Wort Ich bemitleidete ihn

from the bottom of my heart.
von dem tiefsten Grund von meinem Herzen

"My friend," said Dupin, in a   kind tone, "you are alarming yourself
Mein Freund   sagte Dupin   in einem gütigen Ton   Sie sind aufregend   sich

unnecessarily—you are   indeed. We mean you no   harm
unnötig   Sie sind [tun das] wirklich Wir wollen Ihnen keinen Schaden [zufügen]

whatever.   I pledge you the honor of a gentleman, and of a
welchen auch immer Ich gebe Ihnen das Ehrenwort als ein Gentleman   und als ein

Frenchman, that we intend you no injury.   I perfectly well know
Franzose   dass wir möchten Ihnen kein Unrecht [zufügen] Ich vollkommen gut weiß

that you are innocent of the atrocities in the Rue Morgue. It will not
dass Sie sind unschuldig an den Gräueltaten in der Rue Morgue   Es wird nicht

do,   however, to deny that you are in some measure implicated in
genügen wie auch immer zu leugnen dass Sie sind in gewissem Maße   verwickelt in

them. From what I have already said, you must know that I have had
sie Aus dem was ich habe schon gesagt Sie müssen erkennen dass ich habe gehabt

means of information about this matter—means of which you could
Mittel für Erkundigungen in dieser Sache Mittel von denen Sie könnten

never have dreamed. Now the thing stands thus. You have done
niemals haben geträumt Nun die Sache steht so Sie haben getan

nothing which you could have avoided—nothing, certainly, which
nichts   was Sie könnten haben verhindert nichts   mit Sicherheit was

renders you culpable. You were not even guilty of robbery, when you
macht Sie schuldig Sie sind nicht einmal schuldig des Diebstahls da doch Sie

might have robbed with impunity. You have nothing to conceal. You
könnten haben geraubt   ungestraft   Sie haben nichts zu verheimlichen Sie

have no reason for concealment. On the other hand, you are bound
haben keinen Grund zum Verheimlichen Auf der anderen Seite Sie sind verpflichtet

by every principle of honor to confess all   you know. An innocent
bei jedem Grundsatz von Ehre zu gestehen alles [was] Sie wissen Ein unschuldiger

man is now imprisoned, charged with that crime of which you can
Mann ist derzeit verhaftet beschuldigt dieses Verbrechens von dem Sie können

point out the perpetrator."
aufzeigen den Täter

The sailor had recovered his presence of mind, in a great measure,
Der Matrose hatte wiedererlangt seine Geistesgegenwart in einem großen Maße

while Dupin uttered these words; but his original boldness of bearing
während Dupin äußerte diese Worte aber seine ursprüngliche Kühnheit im Benehmen

was all gone.
war gänzlich vergangen

"So help me God," said he, after a brief pause, "I will tell you
So helfe mir Gott sagte er nach einer kurzen Pause ich werde sagen Ihnen

all I know about this affair;—but I do not expect you to believe
alles [was] ich weiß über diese Sache aber ich tue nicht erwarten Sie zu glauben

one half I say—I would be a fool indeed if I did. Still, I am
die Hälfte [die] ich sage ich würde sein ein Narr tatsächlich wenn ich täte [das] Doch ich bin

innocent, and I will make a clean breast if I die for it."
unschuldig und ich werde offen gestehen [und] wenn ich sterben [sollte] dafür

What he stated was, in substance, this. He had lately made a
Was er angab war im Kern dies Er hatte unlängst gemacht eine

voyage to the Indian Archipelago. A party, of which he formed
Fahrt zu dem indischen Archipel Eine [Matrosen-]Gruppe von der er war

one, landed at Borneo, and passed into the interior on an excursion
einer landete auf Borneo und machte in das [Landes-]Innere [---] einen Ausflug

of pleasure. Himself and a companion had captured the
zum Vergnügen Er selbst und ein Kamerad hatten gefangen den

Ourang-Outang. This companion dying, the animal fell into
Orang-Utan Sein Kamerad sterbend [kurz darauf] das Tier fiel in

his own exclusive possession.
seinen alleinigen Besitz

After great trouble, occasioned by the intractable ferocity of his
Nach vielen Schwierigkeiten verursacht durch die unbezähmbare Wildheit von seinem

captive during the home voyage, he at length succeeded in lodging
Gefangenen während der Heim-Reise er [ihm] schließlich glückte das Unterbringen

it safely at his own residence in Paris, where, not to attract toward
ihn sicher in seiner eigenen Wohnung in Paris wo [um] nicht zu ziehen auf

himself the unpleasant curiosity of his neighbors, he kept it carefully
sich die unangenehme Neugier von seinen Nachbarn er hielt ihn sorgsam

secluded, until such time as it should recover from a wound in the
eingeschlossen für eine gewisse Zeit da er sollte erholen sich von einer Wunde an dem

foot, received from a splinter on board ship. His ultimate design was
Fuß zugezogen von einem Splitter an Bord Sein letzter Plan war

to sell it.
zu verkaufen ihn

Returning home from some sailors' frolic the night, or rather in the
Zurückkommend nach Hause von einem Matrosen-Fest am Abend oder besser an dem

morning of the murder, he found the beast occupying his own
Morgen von dem Mord er fand das Tier einnehmend sein eigenes

bed-room, into which it had broken from a closet adjoining,
Schlaf-Zimmer in das es hatte ausgebrochen von einem Abstellraum angrenzenden

where it had been, as was thought, securely confined. Razor
wo es hatte gewesen wie wurde geglaubt [von ihm] sicher bewahrt Rasiermesser

in hand, and fully lathered, it was sitting before a looking-glass,
in [der] Hand und voll eingeseift es war sitzend vor dem Spiegel

attempting the operation of shaving, in which it had no doubt
versuchend die Tätigkeit von Rasieren was es hatte ohne Zweifel

previously watched its master through the key-hole of the closet.
zuvor beobachtet [bei] seinem Herrn durch das Schlüssel-Loch von dem Abstellraum

Terrified at the sight of so dangerous a weapon in the possession of
Entsetzt bei dem Anblick von so gefährlichen einer Waffe in dem Besitz von

an animal so ferocious, and so well able to use it, the man, for
einem Tier so wilden und so gut fähig zu benutzen es der Mann für

some moments, was at a loss what to do. He had been accustomed,
einen Augenblick war außerstande was [etwas] zu tun Er hatte gewesen gewöhnt

however, to quiet the creature, even in its fiercest moods, by the
jedoch zu beruhigen das Geschöpf selbst in seinen wildesten Stimmungen durch den

use of a whip, and to this he now resorted. Upon sight of it,
Gebrauch von einer Peitsche und dazu er jetzt Zuflucht nahm Beim Anblick davon

the Ourang-Outang sprang at once through the door of the chamber,
der Orang-Utan entsprang sofort durch die Tür von dem Zimmer

down the stairs, and thence, through a window, unfortunately open,
hinunter die Treppe und von da durch ein Fenster leider offen

into the street.
auf die Straße

The Frenchman followed in despair; the ape, razor still in
Der Franzose folgte in Verzweiflung der Affe Rasiermesser immer noch in

hand, occasionally stopping to look back and gesticulate at its
[der] Hand zuweilen anhaltend zu schauen zurück und Gebärden machen zu seinem

pursuer, until the latter had nearly come up with it. It then again
Verfolger bis der Letztere hatte fast aufgeschlossen zu ihm Er dann wieder

made off.
machte sich davon

In this manner the chase continued for a long time. The streets were
In dieser Weise die Flucht setzte sich fort für eine lange Zeit Die Straßen waren

profoundly quiet, as it was nearly three o'clock in the morning.
tief-still da es war fast drei Uhr an dem Morgen

In passing down an alley in the rear of the Rue Morgue, the fugitive's
Beim Kommen herunter eine Gasse hinter der Rue Morgue des Flüchtlings

attention was arrested by a light gleaming from the open window
Aufmerksamkeit wurde gefesselt durch ein Licht schimmernd durch das offene Fenster

of Madame L'Espanaye's chamber, in the fourth story of her house.
von Madame L'Espanayes Zimmer in dem vierten Stock von ihrem Haus

Rushing to the building, it perceived the lightning rod, clambered up
Zustürzend auf das Gebäude es bemerkte den Blitz-Ableiter kletterte hoch

with inconceivable agility, grasped the shutter, which was thrown
mit unfassbarer Behändigkeit ergriff den Fensterladen welcher war aufgeschlagen

fully back against the wall, and, by its means, swung itself directly
ganz zurück gegen die Wand und damit schwang sich genau

upon the headboard of the bed. The whole feat did not occupy a
auf das Kopfende von dem Bett Das ganze Kunststück tat nicht dauern eine

minute. The shutter was kicked open again by the Ourang-Outang
Minute Der Fensterladen wurde gestoßen auf wieder von dem Orang-Utan

as it entered the room.
als er eingedrungen [in] das Zimmer

The sailor, in the meantime, was both rejoiced and perplexed. He had
Der Matrose derweil war zugleich erfreut und beunruhigt Er hatte

strong hopes of now recapturing the brute, as it could scarcely escape
große Hoffnungen von jetzt Wiedereinfangen das Untier da es konnte kaum fliehen

from the trap into which it had ventured, except by the rod, where it
aus der Falle in die es hatte gewagt sich außer über den Ableiter wo es

might be intercepted as it came down. On the other hand, there was
könnte werden abgefangen wenn es kam herunter Auf der anderen Seite da war

much cause for anxiety as to what it might do in the house. This
viel Grund zur Besorgnis bezüglich was es könnte anrichten in dem Haus Die

latter reflection urged the man still to follow the fugitive. A
letzte Überlegung zwang den Mann weiter zu verfolgen den Flüchtling Ein

lightning rod is ascended without difficulty, especially by a sailor;
Blitz-Ableiter ist hochgeklettert ohne Schwierigkeit besonders von einem Matrosen

but, when he had arrived as high as the window, which lay far to his
aber als er hatte gekommen so hoch wie das Fenster welches lag weit zu seiner

left, his career was stopped; the most that he could accomplish was to
Linken sein Aufstieg war beendet das Äußerste das er konnte ausrichten war zu

56

reach over so as to obtain a glimpse of the interior of the room.
beugen vor um zu erlangen einen Blick in das Innere von dem Zimmer

At this glimpse he nearly fell from his hold through excess of horror.
Bei diesem Blick er fast fiel von seinem Halt durch Übermaß von Entsetzen

Now it was that those hideous shrieks arose upon the night, which
Jetzt es war dass jenes schreckliche Geschrei anhob in der Nacht das

had startled from slumber the inmates of the Rue Morgue.
hatte aufgeschreckt aus [dem] Schlummer die Bewohner von der Rue Morgue

Madame L'Espanaye and her daughter, habited in their night clothes,
Madame L'Espanaye and ihre Tochter gekleidet in ihre Nacht-Kleider

had apparently been occupied in arranging some papers in the
hatten offenbar gewesen beschäftigt mit Ordnen einiger Papiere in der

iron chest already mentioned, which had been wheeled into the
Eisen-Kiste bereits erwähnten die hatte gewesen gerollt in die

middle of the room. It was open, and its contents lay beside it on the
Mitte von dem Zimmer Sie war offen und ihr Inhalt lag daneben auf dem

floor. The victims must have been sitting with their backs toward the
Boden Die Opfer mußten haben gewesen sitzend mit ihren Rücken zu dem

window; and, from the time elapsing between the ingress of the beast
Fenster und wegen der Zeit verstreichend zwischen dem Eindringen von dem Tier

and the screams, it seems probable that it was not immediately
und den Schreien es scheint wahrscheinlich dass es wurde nicht sofort

perceived. The flapping-to of the shutter would naturally have been
entdeckt Das Zurückschlagen von dem Fensterladen würde natürlich haben gewesen

attributed to the wind.
zugeschrieben dem Wind

As the sailor looked in, the gigantic animal had seized Madame
Als der Matrose blickte hinein das riesige Tier hatte gepackt Madame

L'Espanaye by the hair, (which was loose, as she had been combing
L'Espanaye an dem Haar welches war lose [offen] da sie hatte gewesen gekämmt

it,) and was flourishing the razor about her face, in imitation of the
es und war schwenkend das Rasiermesser vor ihrem Gesicht in Nachahmung von den

motions of a barber. The daughter lay prostrate and motionless;
Bewegungen von einem Barbier Die Tochter lag hingestreckt und bewegungslos

she had swooned. The screams and struggles of the old lady
sie hatte in Ohnmacht gefallen Die Schreie und [das] Ringen von der alten Dame

(during which the hair was torn from her head) had the effect of
währenddessen das Haar wurde gerissen aus ihrem Kopf hatten die Folge von

changing the probably pacific purposes of the Ourang-Outang into
Ändern die wahrscheinlich friedlichen Absichten von dem Orang-Utan in

those of wrath.
jene von Zorn

With one determined sweep of its muscular arm it nearly severed
Mit einem kräftigen Schwung von seinem muskulösen Arm er fast ganz trennte ab

her head from her body. The sight of blood inflamed its anger into
ihren Kopf von ihrem Rumpf Der Anblick von Blut entfachte seine Wut zu

phrenzy. Gnashing its teeth, and flashing fire from its eyes, it flew
Raserei Fletschend seine Zähne und funkelnd mit seinen Augen er stürzte

upon the body of the girl, and imbedded its fearful talons in her
auf den Körper von dem Mädchen und grub seine entsetzlichen Klauen in ihren

throat, retaining its grasp until she expired. Its wandering and wild
Hals beibehaltend seinen Griff bis sie starb Sein wandernder und wilder

glances fell at this moment upon the head of the bed, over which
Blick fiel in diesem Augenblick auf das Kopfende von dem Bett über dem

the face of its master, rigid with horror, was just discernible.
das Gesicht von seinem Herrn starr vor Entsetzen war gerade sichtbar

The fury of the beast, who no doubt bore still in mind the dreaded
Die Wut von dem Tier das ohne Zweifel trug immer noch im Gedächtnis die gefürchtete

whip, was instantly converted into fear. Conscious of having deserved
Peitsche war sofort verwandelt in Angst Wohl wissend um [das] Haben verdient

punishment, it seemed desirous of concealing its bloody deeds, and
Strafe es schien begierig auf Verwischen seiner blutigen Taten und

skipped about the chamber in an agony of nervous agitation; throwing
sprang durch das Zimmer in einer Qual von nervöser Bewegung werfend

down and breaking the furniture as it moved, and dragging
herum und zerschlagend die Möbel während es sich umherbewegte und zerrend

the bed from the bedstead. In conclusion, it seized first the corpse of
die Kissen aus dem Bett Schließlich es ergriff zuerst die Leiche von

the daughter, and thrust it up the chimney, as it was found; then that
der Tochter und zwängte hinauf den Kaminschlot wie sie wurde gefunden dann die

of the old lady, which it immediately hurled through the window
von der alten Dame welche er sofort schleuderte durch das Fenster

headlong.
kopfüber

As the ape approached the casement with its mutilated burden, the
Als der Affe sich näherte dem Flügelfenster mit seiner verstümmelten Last der

sailor shrank aghast to the rod, and, rather gliding than
Matrose sich zurückzog erschrocken zu dem Ableiter und mehr rutschend als

clambering down it, hurried at once home—dreading the
kletternd herab ihn eilte sofort nach Hause fürchtend die

consequences of the butchery, and gladly abandoning, in his terror,
Folgen von der Metzelei und schön verdrängend in seinem Entsetzen

all solicitude about the fate of the Ourang-Outang. The words
alle Sorge um das Schicksal von dem Orang-Utan Die Worte

heard by the party upon the staircase were the Frenchman's
vernommen von den Leuten auf der Treppe waren des Franzosen

exclamations of horror and affright, commingled with the fiendish
Ausrufe vor Entsetzen und Angst vermischt mit dem teuflischen

jabberings of the brute.
Geplapper von dem Untier

I have scarcely anything to add. The Ourang-Outang must have
Ich habe kaum etwas zu hinzufügen Der Orang-Utan muss haben

escaped from the chamber, by the rod, just before the break of the
entflohen aus dem Zimmer über den Ableiter kurz vor dem Aufbrechen von der

door. It must have closed the window as it passed through it. It was
Tür Er muss haben geschlossen das Fenster als er hindurchging durch es Er wurde

subsequently caught by the owner himself, who obtained for it a
schließlich doch eingefangen durch den Besitzer selbst der erhielt für ihn eine

very large sum at the *Jardin des Plantes*. Le Bon was instantly
sehr große Verkaufssumme von dem *Jardin des Plantes* Le Bon wurde sofort

released, upon our narration of the circumstances (with some
entlassen auf Grund unseres Berichtes von den Umständen mit einigen

comments from Dupin) at the bureau of the Prefect of Police. This
Kommentaren von Dupin in dem Bureau von dem Präfekten der Polizei Dieser

functionary, however well disposed to my friend, could not
Beamte wie auch immer gut gesinnt meinem Freunde konnte nicht

altogether conceal his chagrin at the turn which affairs had taken,
insgesamt verbergen seinen Ärger bei der Wendung die [die] Sache hatte genommen

and was fain to indulge in a sarcasm or two, about the
und war gern zu erlauben sich eine spöttische Bemerkung oder zwei über die

propriety of every person minding his own business.
Richtigkeit von jedem Menschen kümmernd sich um seine eigenen Dinge

"Let him talk," said Dupin, who had not thought it necessary to
Lassen [Sie] ihn reden sagte Dupin der hatte nicht gehalten es für nötig zu

reply. "Let him discourse; it will ease his conscience, I am
antworten Lassen [Sie] ihn reden es wird beruhigen sein Gewissen ich bin

satisfied with having defeated him in his own castle.
zufrieden mit habend geschlagen ihn in seinem eigenen Schloss [Gebiet]

Nevertheless, that he failed in the solution of this mystery, is
Nichtsdestoweniger dass er versagte bei der Lösung von diesem Geheimnis ist

by no means that matter for wonder which he supposes it; for, in
auf keinen Fall eine Sache von Wunderwerk das er hält dafür denn in

truth, our friend the Prefect is somewhat too cunning to be
Wahrheit unser Freund der Präfekt ist eben zu schlau [um] zu sein

profound. In his wisdom is no stamen. It is all head and
tiefgründig In dieser Weisheit ist kein Staubfaden [Boden] Es ist alles nur Kopf und [hat]

no body, like the pictures of the Goddess Laverna,—or, at best, all
keinen Körper wie die Abbildungen von der Göttin Laverna oder höchstens nur

head and shoulders, like a codfish. But he is a good creature after all.
Kopf und Schultern wie ein Kabeljau Aber er ist ein famoser Kerl trotz allem

I like him especially for one master stroke of cant, by which he
Ich schätze ihn besonders als einen Meister der Schräglage wodurch er

has attained his reputation for ingenuity. I mean the way he has
hat erhalten seinen Ruf für Scharfsinn Ich meine die Art [die] er hat

'de nier ce qui est, et d'expliquer ce qui n'est pas.'" (*) *[französ.]*
zu leugnen das was ist und zu erklären das was nicht ist

(*) Quotation from: Rousseau — Nouvelle Héloise.
Zitat aus Rousseau – Nouvelle Héloise

Weitere Titel dieser Reihe

Oscar Wilde: The Canterville Ghost / Das Gespenst von Canterville
Englisch / Deutsch
– wörtlich übersetzt –
45 Seiten, A5, ISBN 978 – 3 – 94 33 94 – 01 – 6

Arthur Conan Doyle / Katharina Jürgens:
The Lost Special / Der verschollene Sonderzug
Englisch / Deutsch
– wörtlich übersetzt – 72 Seiten, A 5, ISBN 978 – 3 – 94 33 94 – 15 – 3

In Kürze erscheinen

Mark Twain / Katharina Jürgens:
The Thirty Thousand Dollar Bequest / Das Dreißig-Tausend-Dollar-Vermächtnis
Englisch / Deutsch
– wörtlich übersetzt – A 5, ISBN 978 – 3 – 94 33 94 – 17 – 7

Jean Fleury / Melanie Berl:
Jacques le voleur / Jacques, der Dieb
Französisch / Deutsch
– wörtlich übersetzt – A 5, ISBN 978 – 3 – 94 33 94 – 19 – 1

Miguel de Cervantes:
Rinconete y Cortadillo / Rinconete und Cortadillo
Spanisch / Deutsch
– wörtlich übersetzt – A 5, ISBN 978 – 3 – 94 33 94 – 07 – 8

In Standard-Übersetzung – links Schwedisch, rechts Deutsch –
(erschienen 2012)

Selma Lagerlöf: Tösen från Stormyrtorpet / Das Mädchen vom Moorhof
Schwedisch / Deutsch
Links Schwedisch – rechts Deutsch
111 Seiten, A 5, ISBN 978 – 3 – 94 33 94 – 05 – 4

Harald Holder Verlag, Augsburg
www.holder-augsburg-zweisprachig.de